ありのままに、ひたむきに

不安な今を生きる

西本願寺 門主
大谷 光淳

PHP

まえがき

私たちは日々、喜びだけでなく、さまざまな出来事に悩み、苦しみながら生きています。仕事上の行き詰まり、人間関係、あるいは病気など……。人生、よいときもあれば、悪いときもあります。どんなときも前向きに安心して生きていける、そんな心のよりどころがあればよいなと思っても、答えはなかなか見つかるものではありません。

そんなとき、どこまでも自分を深く見つめた先人たちの教えは、素晴らしいヒントを与えてくれます。はるか昔、インドのお釈迦《しゃか》さまや、鎌倉時代の親鸞聖人《しんらんしょうにん》は、それぞれに自分自身を見つめられ悩み抜かれたすえに、世の中と人生のありのままの真理に気づかれました。その言葉は民族や地域、時代を超えて、真剣に生き、悩み続ける人たちの心のよりどころとなってきました。

人はいま、平和を求めながらも互いに争い、豊かさを求めて、かえって貧しさと不安を拡大しています。自分の心の不安だけではなく、社会の矛盾にも翻弄《ほんろう》され、私たちはまるで不安の荒海を漂《ただよ》う小舟のようです。このような状況の中でも、振り回されることなく、生き抜くためにはどうすればよいのでしょうか。答えの一つが「日々の一瞬一瞬を、まずはありのままに受け止めて、そしてひたむきに精いっぱい生きていくこと」だと思います。

本書では、心の不安や社会の矛盾に振り回されることなく、「ありのままに、ひたむきに生きていく」という私の思いを語らせていただきました。強くなくてもいい。力がなくてもいい。悩みは「生きるよりどころ」を見つけ出す糸口にもなります。

いま、さまざまな悩みをかかえておられるお一人おひとりにとって、この小さな本が、大きな喜びと幸せへのきっかけとなることを願ってやみません。

もくじ

まえがき 3
第1章 一瞬一瞬を精いっぱい生きる……7
第2章 困難な時代をともに生き、ともに歩む……31
第3章 現代に生きる仏教の教え、親鸞聖人の教え……53
対談●遠藤保仁さん（ガンバ大阪）とともに
ぶれることなく思いを伝える ともに、よい方向をめざして 83
対談●大平光代さん（弁護士）とともに
親と子が安心できる社会に お寺をほっこりできる場に 113
あとがき 151
龍谷山 本願寺（西本願寺）について 156

装幀　戸塚みゆき（ＩＳＳＨＩＫＩ）

第1章

一瞬一瞬を精いっぱい生きる

自分自身の問題を解決できない人が悩みや悲しみをかかえながらも生きていけるのはやはり一人ではないからだ

いろいろな悩みや悲しみをかかえながらも生きていけるのは、やはり一人ではないからだと思います。

人はみなつながりの中で、互いに支え合いながら生きています。私自身もまわりの方との大切なつながりがあります。ですから常に、孤独になっている人を放っておくことはできないと思っています。

昔の方はよく「おかげさま」とか「お互いさま」といった言葉をつかわれ

ました。よいことがあったときには「おかげさま」と相手に対する感謝を忘れず、困ったときには「お互いさま」と、その苦労をわかち合う言葉が日常の中で交わされてきました。「自分自身は完全な人間ではない」という思いの中で、お互いが支え合わないと生きていけないことを、よくわかっておられたのでしょう。

だからこそ、自然にそういう言葉が出てきたのだと思います。

自分の限界を知る
都合が悪いこともありのままに受け容れ
その状況の中で精いっぱい生きていく

私たちは、自分で自分のことはわかりません。たとえば、自分自身のいのちは何十年も続くように思っていますが、それは誰かが保証してくれるわけではありませんし、誰かがいつまでということを正確に教えてくれるわけでもないのです。ましてや自分自身が、将来どうなるかなどわかりません。占いがはやっていますが、それでわかるかといえばそんなはずがない。

自分自身で努力することによって、変わってくる結果もあれば、がんばっても変わらない結果もあります。そういう自分自身の不確かさ、自分自身の限界というものをまずはありのままに直視し、受け容れる。そのうえで「あきらめない」ということが大事だと思うのです。

健康が一番大事だと言う人がいたとします。では、いま健康でない人の人生は幸せではないのでしょうか。あるいは、自分自身が明日突然にがんだと宣告されたら、その後の自分の人生は幸せではないのでしょうか。ただ健康が大事だと言う人には、そういうことへの答えは出せないと思うのです。

健康なときは健康なとき、そうでないときはそうでないとき、自分にとって都合が悪いこと、挫折《ざせつ》などがあっても、そのままにすべてを受け容れていける生き方、そして、置かれた状況の中で精いっぱい生きていくという生き方が浄土真宗《じょうどしんしゅう》の生き方です。

思いどおりにならないとき
病気や死をプラスマイナスでとらえるのではなくありのままに受け容れていく

世の中のすべてのことが、私たちの心や気持ちのとおりに進むわけではありません。自分に好ましくないことはたくさん起こります。そういうとき、心は当然波立ちます。自分の思いどおりにならないことを仏教では苦しみと言いますが、その苦しみに直面したときに、心が平静ではいられない。いろいろな思いや考えが次々に湧き起こってくる。これを「煩悩《ぼんのう》」と言います。

そういうときには、私はいま一度、親鸞聖人《しんらんしょうにん》の教えを振り返り、自分に言い聞かせるように思い出すことにしています。

好ましくないこと、特に「老《お》いる」「病気になる」「死ぬ」ということを避けることはできません。そのことを、プラスやマイナスとしてとらえるのではなく、ただありのままに受け容れていく。

しかし、それは非常に難しく、なかなかできることではありません。自己中心的なとらわれの心でこの世界を見るから苦しみが生じるのであり、お釈《しゃ》迦《か》さまは「如実《にょじつ》」、つまり世界をありのままに見なさいと言われています。世界がありのままに見えてくるようになるということは、「さとる」ということですから、たいへんに難しい。でも、そういうことを知っておくだけでもだいぶ違うのではないかと思うのです。

悩みや苦しみをかかえながら
それに押しつぶされることなく
生きていく

比較的若いご夫婦で、よくお寺へお参りされ、ずっと浄土真宗の教えを聞いてこられた方がおられます。あるとき、お子さんが交通事故に遭《あ》って亡くなってしまわれました。そのときお母さんがおっしゃったのが「厳しいお諭《さと》しでした」という言葉だったそうです。

どういう意味かと言うと、いままで、いのちはいつ終わるかわからないということをずっと聞いてきたけれども、実際に自分の子が亡くなる場に遭遇して、聞いてきたことがあくまで聞いていただけで、自分自身の問題にはなっていなかったと気づかされた、というのです。

そうは言っても、ずっと教えを聞いてこられたからこそそれがわかるのであって、やはり聞いていなければ気づけないと思うのです。では、聞いているから自分の子の死をそのまま受け容れられるかと言うと、やはりそうではない。

そうした、どんなに素晴らしいお話を聞いていても、わが子の死を受け容れられない私が、その一方で、私を超えた大きなはたらきによってそのまま肯定されていく世界があるのです。何ごとも思いどおりにしたいという自己中心的な姿は否定されるべきものですが、同時に、その自己中心的なあり方から離れられない自分が肯定されていく。そこには矛盾があります。しかし、その矛盾している状態がそのまま認められるのが本来の姿だと思うのです。

私たちが逃れられない苦しみや悲しみに直面したとき、これを克服することを強《し》いるのではなく、苦しみは苦しみのままに、悲しみは悲しみのままに、ありのままの私たちに寄り添い受け止めてくださるのが仏さまです。

うれしいこと、悲しいこと、すべてをひとまとめにして生きていること、生かされていることは素晴らしいと受け止められるようになりたいものです。

人間関係は変化し続ける　その中で一人ひとりが輝いて　自分のいのちを大切にしていけるように

仏教には「諸行無常《しょぎょうむじょう》」という言葉があります。すべてのものごとは、一瞬もとどまることなく変化していく。そして、その一瞬ごとにすべてのものごとは変化しながらかかわり合っているのです。

人との関係も固定したものではなく、当然、変化し続けています。一人ひとりが輝いて、いまの自分自身と他人のいのちを互いに大切に生きていける関係こそ、人と人が支え合いながら生きていく素晴らしい姿だと思います。

すべて自分自身が正しいと考えるのは仏教的に見れば正しくない自分の至らなさに気づいて行動する

生き方として、すべて自分が正しい、あるいは自分の思いどおりになるというのは、仏教的に見れば正しくないことです。

私たちは、自分自身とほかの人をまったく同じように考えることができない、ということがあります。また、私を無くす「無私《むし》」という言葉がありますが、自分自身のことを横へ置いておいて、ほかの人のことを考えられるかというと、やはり難しい。しかし、もともと難しい中で、ほかの人に寄り添い、自分自身とまったく同じようにその人の立場になり、考えることができるよう努力をされている方もなかにはおられます。

けれども、そういう努力をしたとしてもやはり完全にできることではありません。ですから、他人の喜びを私の喜びとし、他人の悲しみを私の悲しみとする仏さまのような行いができない自分自身の姿を認めて、そのうえで、常に自分自身の意識や行いを思い、自分の至らなさに気づいて行動することが大切です。

私も、本願寺や浄土真宗本願寺派という組織の中では、時間の制約などがあり難しいのですが、なるべくご門徒お一人おひとり、あるいはお寺の方お一人おひとりと向き合っていくことができればと思っています。非常に難しい面もありますが、ともに歩んでいきたいという思いを忘れずにいたいと思っています。

相手を自分の思いどおりにしよう押しつけようとするといろいろな問題が出てくる

最近よく話題になる学校や職場でのいじめは、きっと昔からあったのだと思います。つまり、自分と比べて弱い立場の人に対し、いろいろなかたちで力が向いてしまうのです。また親子間の場合のいわゆる虐待については、親子関係が昔とは変わってきているのではないかという気もします。

いずれにせよ、いじめでも虐待でも、結局は、自分と相手との関係の中で、相手に対してどういう気持ちを持てるかということが問題になります。いじめや虐待には、相手を自分の都合どおりに動かそうとする思い、相手に自分の思いを押しつけようとする気持ちが根底にあるのでしょう。差別やさまざまなハラスメントと言われるようなことも同じだと思います。

「ご縁を大切にする」と言いますが、相手との関係を大切にすることができれば、いじめや虐待にはつながりません。つまり、自分とほかの人との関係性をどのようにつくっていくのか、自分と相手をまったく対等な人間として認めることができているかどうかです。

そもそも人はすべてのものとの関係性の中に生きています。そういう関係性を自分の都合のよいように無理に変えよう、あるいは断ち切ろうとするところに問題があるのでしょう。

世界平和は私たち一人ひとりの問題
そういう意識を持たないと
状況に流されてしまう

国というもの、社会というものは、基本的には私たち一人ひとりで構成されているわけですから、国や社会がどのようにあるかは、一人ひとりがどういう生き方をしていくのか、ということと切り離して考えることはできません。

家族の単位は二人、あるいは三人、四人と少人数ではありますが、まわりから見たときにどういう家族かというのは、やはり家族の一人ひとりがどういう生き方をしているかの問題になります。

学校や職場など、もう少し人数が多くなっても、それぞれの場の雰囲気や空気と言われるようなものがやはり違う。その違いは、もともとそういう場が持っているというよりは、そこに存在する一人ひとりがどう考え、行動するかによるのだと思います。

一人ひとりがどういう意識を持つかで、ものごとは変わってきます。これはどんなに組織が大きくなっても同じだと思います。これを、特に世界平和という問題に当てはめると、私たち一人ひとりがどのように考えるかというう問題だとの意識を持たないと、状況に流されてしまい、何も変わらないということです。

何もせず、ただ流されてしまっていいのでしょうか。私たちにはできることと、やるべきことが数多くあると思います。

死後のことをニコニコ話せる人
生に固執して死をいやだと思う人
どちらが生きることを大切にしているのだろう

最近、人生の終わりをよりよく迎えようという活動、「終活《しゅうかつ》」がよく話題になっています。老後の安心をイメージしようとすると、一つは、人とのつながりを持っているかでしょう。もう一つは、「死」を受け容れることができるかどうかです。

かなり前のことですが、浄土真宗のご住職で大学の先生だった方が入院されました。お医者さんから告知を受けたわけではないようですが、ご本人は

「死」を自覚され、自分自身の亡くなった後のことを含めて、ニコニコ笑いながら話をされたそうです。「自分が死ぬ」ということを受け容れることができているからでしょう。

一方で、宗教的な基盤を持っていないと、「死」を受け容れることはやはり難しいように思います。死を直視することなく生に固執《こしつ》し、この世にしがみつく生き方だけになってしまっていると、いざ「死」を意識せざるを得なくなった場合、その生き方が通用しなくなってしまいます。

死は、誰もが避けることができません。その死を「いやだ、いやだ」と思って生きていくのか、受け容れて生きていくのか。

死をありのままに見つめることができず、受け容れることのできない生き方は、自分のいのちを正視できていないことになり、結局、このいただいたいのちを大事に生きているとは言えない生き方となってしまうのです。

死ぬということですべてが終わると思うから
いま生きていることに執着する
苦しみも多くなる

死ぬことですべてが終わりだとなると、当然いま生きていることだけに価値を求め、そのことに執着《しゅうじゃく》してしまいます。しかし、そうではない世界、死を受け容れていく世界があるとなれば、死は終わりではなくなるし、いまを生きていくということへの見方が変わります。

もちろん生きることは、与えられたいのちを大切にすることですが、生きていくことにあまりにもとらわれてしまうと、非常に悩みや苦しみが多くなります。生きているうちがすべて、生きているこの世界のことだけがすべてだという自分自身の思いにとらわれず、すでに亡くなった方を偲《しの》び、そのご恩を思い出してみることです。そうすると、さまざまな悲しみや苦しみ、死に対するマイナスの感情と、少しは距離を置くことができるのではないでしょうか。

お釈迦さまは「生老病死《しょうろうびょうし》」の四苦《しく》を私たちの苦しみだとおっしゃいました。お釈迦さまの場合は、すべてのコトやモノは変化しており（無常《むじょう》）、固定した実体はない（空《くう》）というこの世の真実のあり方に目覚め、さとることにより、その生老病死の苦しみから解放される、と教えてくださっています。

親鸞聖人は、阿弥陀《あみだ》さまのおさとりのはたらきにおまかせすることで、死を死として受け容れていくことのできる世界、死の苦しみの中でもあるがまま私が救われていく世界があるとおっしゃっています。

いのちの長い短いや、お金を稼いだか有名になったかは重要ではない精いっぱい生きた〝いのち〟だったかだ

人は、必ずしも年を取ってから死ぬわけではありません。いつ死ぬのかは誰にもわからない。世間一般には、ある程度長生きをされた方の死はよかった、子どもや若くして亡くなられた人は早すぎる、あるいは本人も無念だったろう、という言い方をする人がおられます。ですが、それは違うのではないでしょうか。

つまり、いのちは長い短いというものさしだけではかることはできないと

思うのです。

最も大切なことは、そのいのちが終わったときに本人にとって、あるいは本人の親しい家族の方から見て、精いっぱい生きたいのちだったかどうか、ということだと思います。

浄土真宗の教えをよりどころとされているお寺の方で、早くに子どもさんを亡くされた方などから、「短いいのちでかわいそうだった」とおっしゃるのをあまり聞きません。「短かったけれど、本人も精いっぱい生きたし、まわりもその生き方にとても大きな、いい意味で影響を受けた」という受け止め方をされている人が多いような気がします。

世間一般では、亡くなった人を評価できるものは、いのちの長短やお金や名誉や地位というものでしかないと思うのです。しかし、実際に亡くなった人の立場に立ったときに、そういうものでしか評価されないとすると、やはり、いのちがなくなる瞬間に「よかったな」と思える人生とはならないと思います。

少なくとも死を迎えるときに、自分がいままでの人生は素晴らしいものであったと思えるような生き方、みなさんに「ありがとう」と言って終えられるような人生でありたいものです。

しかもその死というのは、今日かもしれないし、明日かもしれない。しかし、いつ死を迎えたとしても、そのときに「よかったな」と思えるような生き方の積み重ねが、いい生き方なのではないでしょうか。

そもそも、それはまわりが評価するものではありません。ただ、そういう生き方をされている人の場合は、まわりにもその心持ちが伝わると思います。

第2章

困難な時代を ともに生き、ともに歩む

被災された人のことを忘れない
そういう人をいなかったことにしない
現実から目をそらさない

近年、大きな災害のニュースが絶えません。被災された方のことを思うと心が痛みます。私たちは、実際に被災された方や困難な状況にある方に寄り添い支援していくこともできます。また、震災で亡くなられた方や、被災された方のことをいつまでも忘れず、私が生きていく中で、そういう方がいなかったことにしない、ということも大切なことです。

これは自然災害に限ったことではありません。以前、ハンセン病の方に対する政策で隔離《かくり》というかたちが取られていました。それは患者さんをひとまとめにして隔離する問題にとどまらず、そういう方たちがいなかったことにしようとしたという面を含んでおり、これはさらに大きな問題でしょう。

日常生活を送っていると問題に気づかず、見えてこない部分というのはやはりあります。その「見えないところを見よう」とする姿勢が必要です。

一例ですが、本願寺派ではＪＩＰＰＯ（十方）というＮＰＯ法人で紅茶やコーヒーのフェアトレードをしています。フェアトレードとは、「公正貿易」とも訳され、製品の購入を通じて発展途上国の生産者をサポートし、交流と相互理解を深めるための取り組みです。コーヒーや紅茶を飲むときに、そのコーヒーや紅茶の背後に目に見えないどれだけ多くの人が携わり、どのような環境でつくられているのかを意識する必要があるのではないかと思います。私たちは、そういう現実から目をそらさないことが大事だと思います。

人の都合、社会の都合で一部の人を犠牲にするあり方ではなく社会全体の問題として考えるべき

これまで住んできた場所に住むことができなくなることが、多々あります。たとえば新幹線や道路やダムを建設することだけでなく、二〇一六年の熊本地震でも、山崩れが起きる危険があるため、転居を余儀《よぎ》なくされるといったことが報じられています。

自然災害によって住めなくなることはやむを得ない一面もあると思いますが、そうではない、人の都合や社会の都合で一部の人を犠牲《ぎせい》にするあり方に

は、問題がないとは思いません。特に原子力発電の問題については事故のあと、いまも多くの人が避難生活を送っています。いままで住んできた所に住めなくなった人もたくさんおられます。

また、水力発電のダムをつくるときにも立ち退《の》かざるを得なくなった人がやはりいるわけです。暮らしが便利になる一方で、一部の人が負担を強《し》いられることがあります。そういう人すべてに対して、目を向ける必要があるのではないかと思います。

社会全体で見て、単にどちらが経済的か、どちらが自然にいいか、エコか、という見方をしてしまうと、実際にその場その場で生きている一人ひとりに思いが至らなくなります。

このように一部の人を犠牲にしてしまっているということを、社会全体の問題として考えるべきだと思います。

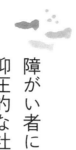

障がい者に抑圧的な社会から弱者が生きやすい社会へ

最近感じているのは、社会的弱者と言われる障がいをかかえている人たちに対して、非常に抑圧的な社会になっているのではないかということです。その状況は昔もあり、先述したハンセン病の方に対する隔離政策もその一つです。このような社会的なシステムの中では、弱者の人たちが安心して暮らしていける社会にはなっていないのではないでしょうか。

アメリカでの話です。私よりも少し年下の男性で障がいをかかえている人が、お母さんが亡くなって、いまは高齢のお父さんと二人でサポートを受けながら、施設の同じ部屋で一緒に暮らしているそうです。

日本にはまだそういう施設がないようで、いまの社会状況の中では、年老いた親が、障がいをかかえている子どもの世話を一手にしなければならない、親が亡くなった後はどうなるのかという不安もあります。

弱者もそうでない人も、すべての人々がかかわり合いながら生きているのですから、このことを社会システムとしてきちんと構築し、すべての人が安心して暮らしていける社会になってほしいと思います。

日本の子どもはのびのびしていない
親にも社会にも余裕がない
だからこそ子どもにはやりたいことをさせてあげたい

子どもを中心に考えたとき、子どもの育つ環境が昔とだいぶ変わってきているとと思います。

いわゆる貧しいと言われる国の子どもたちが、生活環境は非常に貧しいけれども生き生きとしている、目が輝いていると言われることもあります。

それに対して日本の子どもは、のびのびとしていないと言うか、疲れているように感じます。

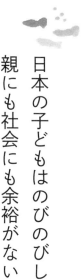

結局それは、子どもだけではなくて、親やまわりも余裕がないということです。子どもを取り巻く環境、日本の社会全体に余裕がなくなっているのではないかと、さまざまな場面で感じます。

特に都市部では、子どもを地域全体で育てていたかつての社会のあり方は変容し、家の中、住まいの周辺、遊び場所、どこへ行っても子どもを好きにさせておける環境ではありません。

私にも二人の小さな子どもがいます。本人が自分で興味を持ったことをしてくれればいいのかなと思って、自宅のお仏壇の前で磬《きん》を打ったりするのも自由にさせています。まだお経本をきれいにめくれるわけではないので、折れたりもするのですが、本人が興味を持ったものを取りあげないで、できるかぎりいろいろな経験をさせてあげたいと思います。

自然を私たちと切り離して そこをゴミ捨て場にするのは 日本的な考え方ではない

現在の私たちには解決できない問題があります。たとえば原子力発電で言うと廃棄物の問題がありますし、事故が起きた場合のことがあります。アメリカなどでは、放射性廃棄物を砂漠の地中などへ処分したり、飛行機などもそのままゴミとして放置したりということがあるようです。

ところが、日本ではそういうことはできません。やはり日本の国土や環境からすると、アメリカなどとは違うと思います。たとえば、二〇一六年のオバマ大統領の広島での演説にもありましたが、アメリカ的な「自然と人間」というものの見方、これはもともとキリスト教をベースにしているもので、日本的な「自然ともの」「自然と人間」の見方とはやはり違います。

演説には、「私たちを人類たらしめているもの」の一つとして、「自然を自らと区別して自らの意思のために変化させる能力」があげられています。「自然と人間」を別のものとして見るキリスト教的な考え方が、非常によく表れていると思いました。ですから、人間のゴミを自然の中へ放置することが認められるのです。それに対して、日本では神社などで、木や水など自然のさまざまなものには神が宿ると考え、自然を崇拝してきました。つまり、自然を私たちと切り離してゴミ捨て場にするという考え方は、日本的ではないのです。そう考えると、私たちがいま処理できないものをかかえ込む原子力発電という手法は、やはり問題があるのではないかという思いがあります。

人間関係が希薄だということは
相手のことよりも
自分を優先してしまっているためではないか

いまの時代はインターネットを使えば、日本にいても世界中のあらゆるものを見られるようになっています。

確かに昔よりはるかにたくさんの映像が見られるようになりましたが、結局、その映像を見るだけでその後ろにあるもの、目に見えないものを想像する力が弱くなってきているのではないかという気がします。

特に若い人は、映像を見てものごとを理解しようとする傾向があります。

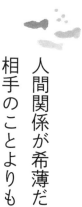

昔から「行間を読む」という言い方がありますが、小説などにしても、書いてある表面的なことしか理解できない人が増えているのではないかと感じます。表面的なものしか見えなくなると、相手の気持ちに寄り添うことも難しくなります。

人間関係が希薄になり、結局、相手のことよりも自分のことが優先されてしまう。親子の間でさえ、そういうことが起きているのではないかと思います。

意識するしないにかかわらず、人間も自然もすべてのものごとは本来、互いにかかわり合って存在しているのです。そのようにつながり合っていることの素晴らしさを忘れていってしまうのは、たいへんに残念なことです。こういう時代だからこそ、この世界に広がるかかわりと、その大切さに気づいていきたいと願っています。

人工知能や人型ロボットの進化で「人が生きていくこと」の意味が問われる

これからの時代、人工知能（ＡＩ）あるいは人型ロボットの進化で、「人が生きていくこと」の意味が改めて問われるようになってきます。おそらく、いまの四十代半ばから下の人たちにとっては、自分たちの仕事に影響する極めて現実的な問題になると思います。

若い人の場合は、社会の中でいま人がしている仕事を、ロボットがどんどんこなしていく時代に直面するわけです。

人間関係の悩みにしても、携帯電話のなかった時代とある時代とではやはり違います。携帯電話（スマートフォン）が普及した現代の日本でも、通話目的だけで使っている人と、不特定多数の人とつながるツールとして使っている人とでは、かかえる問題が違います。

特に、私より若い世代の人たちの情報源は、新聞やテレビ、本からインターネットという媒体に変化し、人との交流には、インターネットによるコミュニケーション手段であるＳＮＳ（ソーシャル・ネットワーキング・サービス）を使う人が増えています。そこで起こる問題、不特定多数の人との交流が招く問題などを考えれば、ＳＮＳなどのツールをどううまく活用するかを考えていかなければなりません。

時代の変化とともに、特に若い人のかかえる悩みは変化していくということを、もっと意識していく必要があるのではないかと思います。

流れるニュースは限られている報道されていることがすべてと錯覚してしまっているのではないか

いまの社会の中で、自分自身が経験できることは、ごくわずかしかないと思います。

世界のいろいろなニュースにしても、テレビなどで報道されるニュースは限られていますし、それも一つの見方だとは思うのですが、私たちはそれをすべてだと思ってしまうところがあるように感じます。

情報化社会、グローバル社会と言われる中で、これだけいろいろなことが報道されるようになると、報道されていることがすべてのように錯覚してしまうのではないかと思います。一方で、あふれる情報があっても、時と場所が違えば自分には遠い出来事だと受け流してしまいます。

自然災害で感じたことなのですが、熊本地震の直後、テレビで被災地の様子を見ていたとき、「いままで東日本大震災やほかの地域の地震のニュースを他人事だと思って見ていた。それがまさか自分がこういうことになるとは思わなかった」とおっしゃっている方がおられました。

情報があふれる現代社会では、情報をうのみにせず、なおかつ大切な情報を受け取ることは、かんたんなことではありません。多くは自分の短い生涯の中の、自分の経験だけで判断をしてしまう。貴重な教訓が受け継がれてこなかった、ということを感じました。

平和の実現のためには
世の中のつながりを思い
自分以外の人を大切にすること

私たち一人ひとりがどういう考え方で生きていくのか。自分が自分自身のことを大切にするように、ほかの人のことをどれだけ大切にできるのか。このことは日常生活もそうですが、国の違いを超えた人々に対しても、同じように考えることが大切だと思います。

地理的な遠近ではなく、私たちが普段見ることのない地域の人たちとも、私たちはつながりを持っています。

世の中のあらゆるものは、つながりを持って存在しています。そのことに気づかず、自分たちの主張だけが正しいと思い込むことによって争いは起こります。戦争や国際紛争、テロなども、自分たちが考える正義だけが絶対だと信じて、人のいのちを犠牲にしてでもこれを貫こうとする考え方から起こるものです。武装し、他を攻撃して得られる一時の平穏は、長くは続きません。

では、今日求められる平和とは、何によってもたらされるのでしょうか。戦争やテロ、国家間の対立、敵対する勢力同士の争いや政治的な対立がない「争いがない状態」の実現のためには、まずは自分以外の人を、自分と同じように大切にできることが必要ではないでしょうか。

自分と同じように相手にもかけがえのないいのちがあり、家族があり、日常生活があるということ。そして、みなどこかでつながり合って生きているということ。ここに思いを致すことが必要です。

国家のレベルだけではなく、身近なところでの意識の持ち方、そういう積み上げのうえに、ほんとうの平和を実現することができるのだと思います。

沖縄・広島・長崎だけでなくどこにいても戦争のことを常に忘れないようにしたい

第二次世界大戦中には、沖縄あるいは広島、長崎だけでなく、私が住む京都でも空襲があったと聞きます。これらの地域に限らず、戦時中は、日本全国、世界中の多くの地域でたくさんの方が犠牲になられました。現にいままで も、世界では戦火が絶えません。その意味ではむしろ、沖縄、広島、長崎だけでなく、いま京都にいてもどこにいても、やはり戦争の悲惨さを常に忘れないということが大切ではないかと私自身は思っています。

私たちが特に追悼《ついとう》の思いを寄せるのは、沖縄、広島、長崎という、現に戦争の傷跡が残っている場所ですが、どこにいたとしても、多くの方のいのちを奪い、生活を奪う戦争の悲惨さは常に忘れてはならないのです。

同時に、この世界で「戦争を起こさせないため」の努力をおこたってはなりません。平和とは、さまざまな努力の積み重ねのうえに、はじめて到達できるものだからです。

第3章

現代に生きる仏教の教え、親鸞聖人の教え

この世の普遍的な真理
それに背を向ける人間
仏教は時と場所と人を超える

お釈迦《しゃか》さまが問題にされ明らかにされたのは、私たちが生きているこの世の真理と、それに背を向ける私たち人間の生き方です。

この世の真理は、お釈迦さまがつくられたものではありません。つまりお釈迦さまが気づかれたとしても、気づかれなかったとしても、この世の真理は存在するものです。ですから民族や国境を超え、時代や場所で変わらない普遍的な真理、それが仏法であるとお釈迦さまは示されています。

それに対する私たち人間の姿も、これもまた時代や場所で変わることはありません。ですから、人々に対してお釈迦さまが説かれた仏教の教えは、時代や場所を超えて世界中に共通すると言うことができます。

仏教そのものは、お釈迦さまが約二千五百年前にインドで説かれ、今日さまざまな言葉に翻訳されています。親鸞聖人《しんらんしょうにん》や浄土真宗《じょうどしんしゅう》の教えも、いまでは世界で英語などに訳され、理解を深める方も少なくありません。

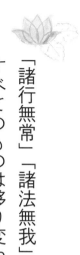

「諸行無常」「諸法無我」すべてのものは移り変わる変わらないものは何ひとつない

仏教で、比較的よく知られている言葉に「諸行無常《しょぎょうむじょう》」「諸法無我《しょほうむが》」があります。

すべてのものは、原因やさまざまな条件が互いに関係し合って成り立ち、諸条件に左右されて移り変わっていくものであり、何ひとつとして変わらないものはないということです。仏教では、人間の心や体も刻一刻と変化しているものであると説きます。ですから、その身や心のどこを探しても、変わることのない実体などというものは存在しません。無我であって、すべてのものごとには固定的で不変の実体はないということになります。「諸行無常」や「諸法無我」あるいは「空《くう》」という言葉は、この世の中のありのままの真理を表した言葉だと思います。

そういう見方、意識は、日ごろから仏教の教えに接することで、自然と身についてくるのではないでしょうか。

仏さまを特定の場所にあるもの かたちあるものとしてとらえるのでなく 「はたらき」として受け止めてほしい

世間では、「パワースポット」という言葉が定着してきました。神社仏閣を巡ったり、仏像を見て回る人も増えているようで、仏教に触れていただく、親しんでいただくという面ではうれしく思います。しかし私は、仏像という実体的なものだけで仏さまをとらえるのではなく、その「はたらき」としての側面も受け止めてほしいと思います。

いろいろな仏さまは少しずつ姿が違い、姿の中に特徴が表れています。その特徴は教えの違いによるもので、あくまでも仏さまのはたらきを具体化した一つです。単に、かたちとしてきれいだというだけではありません。阿弥陀《あみだ》さまやほかの仏さまは、お木像《もくぞう》とかご絵像《えぞう》というお姿になっていますが、人間と同じような姿としてとらえると少し違うと思います。

また、お木像やご絵像はお寺や各家庭のお仏壇にご安置されていますが、そこにしか仏さまはいないのかと言うと、そういうことではありません。

浄土真宗のご本尊《ほんぞん》である阿弥陀仏は、「自然《じねん》のありようを知らせようとするはたらきそのもの」と受け止められています。自然《しぜん》ではなく「自然《じねん》」です。大気や海、動物や植物などの自然《しぜん》現象と人間との間に線を引かない、人間を含めた全体としての「自然《じねん》」です。

そして、この「自然《じねん》」というのは、「人間のはからいを超えたありのまま」という仏さまの世界を意味しています。

「ナモアミダブツ」は仏さまから私に向けられた「はたらき」お寺や仏壇にとどまってはいない

「南無阿弥陀仏《なもあみだぶつ》」は私たちが普段よく口にする言葉ではありますが、実は、阿弥陀さまからの「喚《よ》び声」なのです。阿弥陀さまという仏さまが、私たちに向かってきて、じかにはたらきかけてくださっている、そうした方向性を持った「はたらき」なのです。「南無」は「われにまかせよ」、「そのまま救う」というはたらきであり、阿弥陀さまのお慈悲にこの私を「おまかせする」、それが「南無阿弥陀仏」なのです。「私から仏さまへ」ではなく、「仏さまのほうから私へ」向けられた「はたらき」です。

本願寺（京都市・西本願寺）の御影堂《ごえいどう》の内陣《ないじん》の余間《よま》には、「帰命尽十方無《きみょうじんじっぽうむ》碍光如来《げこうにょらい》」という十字のお名号《みょうごう》と「南無不可思議光如来《なもふかしぎこうにょらい》」という九字のお名号をお掛けしていますが、阿弥陀さまの「はたらき」はそこにとどまっているわけではありません。光となって私たち一人ひとりに届いているのです。

よく、浄土真宗の阿弥陀さまは立っておられて、しかも私たちのほうへ少し傾いておられると言われますが、これも阿弥陀さまのはたらきを象徴的に表現したもので、お木像《もくぞう》というかたちでそこにとどまっていらっしゃる仏さまではないのです。

「阿弥陀さまのはたらき」という意味では、「南無阿弥陀仏」というお名号も仏像も一緒です。本願寺中興の祖と言われる第八代宗主蓮如上人《しゅうしゅれんにょしょうにん》は、「南無阿弥陀仏」のお名号を、「木像よりは絵像《えぞう》、絵像よりは名号」と仏さまと同じご本尊《ほんぞん》として大切にされました。

　私たちはいろいろな言葉を話しますが、はじめて言葉を話す小さな子どもにしても、聞いたこともない言葉をいきなり発するわけではありません。お父さんやお母さん、家族やまわりの人が話している言葉を聞いて、それを真似して言葉にするわけです。ですから「南無阿弥陀仏」も、まずは阿弥陀さまのほうから私に向けられた言葉、「はたらき」として考えていただければと思います。

不安な世の中で
どう生きていくか
どう苦しみから解放されるか

お釈迦さまが説かれた仏教は、思いどおりにならない生活の中で、日々の「苦しみからどうしたら解放されるのか」という問いがスタートにある教えだと思います。

仏教の基本的な考え方として、お釈迦さまは、人生を「苦しみ」であると表現されています。

具体的には「四苦《しく》」あるいは「八苦《はっく》」と言われています。四苦は生老病《しょうろうびょう》死《し》、八苦はそれに愛別離苦《あいべつりく》などの四つを加えたものです。会いたくない人に会わなければいけない苦しみや、逆に好きな人と別れなければいけない悲しみなども「苦しみ」とされています。

日本の仏教には、そういう好ましくない事態にあっても平静でいられるような心をつくっていく、つまり、「修行」を通して煩悩《ぼんのう》を断ち切るという仏道があります。しかし、親鸞聖人は人間であるかぎり「煩悩」をなくすことはできないと説かれます。

親鸞聖人の教えをお弟子さんが伝えた『歎異抄《たんにしょう》』という本に「火宅無常《かたくむじょう》の世界は、よろづのこと、みなもつてそらごとたはごと、まことあることなきに、ただ念仏のみぞまことにておはします」という文章があります。この世界は「まことあることなきに」という言い方をされていますが、このことについては「諸行無常《しょぎょうむじょう》」あるいは「諸法無我《しょほうむが》」という言葉が比較的知られているかと思います。万物は常に変化しています。また、変わらない実体を持ってはいません。それを変わらない何か実体のようなものがあるというふうに思ってしまう私たちの姿が、「そらごとたはごと、まことあることなき」という姿だと言うのです。

世の中には、私たちが思うような固定したものはありません。常に世界は私の意思を超えたところで変化し続けていますから、苦しみとは、お釈迦さまが明らかにされているように、「自分自身の思いどおりにならない」ことだという真理を、もう一度思い起こすことになると思います。

「思いどおりにならないこと」にとらわれない。私たちにはとうてい到達しがたい境地ですが、煩悩がなくなるさとりの世界というのは、結局煩悩にとらわれなくなる世界なのです。

自己中心的な私が煩悩の中でどうやって生きていくのか一日一日を意味あるものにしよう

すべてのものは移り変わって何ひとつ変わらないものはないというお釈迦さまの「諸行無常《しょぎょうむじょう》」の教えは、時代と地域を超えた真理の一つなのですが、親鸞聖人の教えは、この真理に反する私の姿というものを究極的に突き詰めていかれた結果の教えだと思っています。

時代や地域を問うことなく「真理」と向き合っていれば、世界中どこででも、私たちはそれをよりどころとして生きていけるはずです。

しかし、出家《しゅっけ》をせずにこの世間に生きていく私たちは、どうしても自己中心的なあり方を克服しきれません。

自己中心的な姿、考え方を持っている私たちがどうやって生きていくのかを示してくださったのが、親鸞聖人なのです。煩悩《ぼんのう》から離れきることはできなくとも、阿弥陀さまの光に照らされながら、一日一日を「意味あるもの」として生きていく。一日一日をただ単に「過ごしていく」のではなく、教えに照らされて「意味のあるもの」として生きていく。

この社会から離れるのではなく、素晴らしいご縁の中で、互いに支え合いながら生きていくことが大切でしょう。

阿弥陀さまは一切の条件をつけないで
すべての人をそのまま救い
逃げる人を追いかけてでも救ってくれる

「摂取不捨《せっしゅふしゃ》」は私の好きな言葉の一つです。阿弥陀さまの「はたらき」を表す言葉で、「おさめ取って捨てない」という意味です。

阿弥陀さまは「すべての人をおさめ取って捨てない」仏さまだと説かれています。実はそのことは、すべての仏さまに共通することではなく、阿弥陀さまの大きな特長なのです。

ほかの仏さま神さまは「何々した人を救う」と条件がつくのですが、阿弥陀さまの救いは、その条件をつけないところに大きな特長があります。つまり、阿弥陀さまの救いは一切の条件がつかない救いです。

しかも、ただ「おさめ取って捨てない」のではなく、親鸞聖人はこの言葉に触れて、「ものの逃《に》ぐるを追《お》はへとるなり」とおっしゃっています。阿弥陀さまのはたらきに背を向ける人であったとしても、阿弥陀さまは必ず追いかけてつかまえ、おさめ取る仏さまだと解釈されています。さらに「ひとたび摂取してすてたまはず」、つまり一度おさめ取った人を見放すことがない、とも説かれているのです。

私たちは自分自身の思い、とらわれから離れることはできません。つまり、さとりの世界とは反対のところで生活して、本来であれば、そこからさとりへ向かって自分で修行・努力をしていく必要があるのですが、阿弥陀さまの救いには、その努力すらも必要がない。阿弥陀さまという仏さまの救いは、自分自身の思いにとらわれた私たちを「そのまま」おさめ取ってくださる、と言うのです。

この「摂取不捨」、阿弥陀さまの救いを、亡くなった後、お浄土《じょうど》へ迎えてくださることだと理解してしまうと、いま私たちが生きている現実の問題とは離れてしまいます。阿弥陀さまの救いが「いのちが終わった後、浄土へおさめ取る」というのは間違いではないのですが、従来、「いのちが終わった後」という部分が少し強調されすぎているのではないでしょうか。

『歎異抄《たんにしょう》』では、親鸞聖人は「念仏申さんとおもひたつこころのおこるとき、すなはち摂取不捨の利益《りやく》にあづけしめたまふなり」と語られたと伝えていますが、それは「南無阿弥陀仏《なもあみだぶつ》とお念仏を称《とな》えようという気持ちが起こったそのときに、すでに摂取不捨という救いのはたらきの中にある」ということなのです。さらに、親鸞聖人の曽孫《ひまご》の覚如上人《かくにょしょうにん》は、同じことを「平生業《へいぜいごう》成《じょう》」という言葉をつかって表現されています。

ですから、阿弥陀さまの救いの中にあるというのは、死後、浄土へ迎えてくださるということではなくて、いまを生きているこの世界の出来事として受け止めていくことになるのです。

いま私が生きていくうえで、心が波立つような状況にあって、お釈迦さまが説かれているこの世の真理と相容れない自分の思い、とらわれに終始する生活をそのまま包摂《ほうせつ》してくださっているのが阿弥陀さまの救いの「はたらき」、「摂取不捨」だという受け止め方です。

ですから阿弥陀さまの救い、おさめ取ってくださっている「はたらき」が、生きていくうえでの大きな安心になって、不安に惑わされずに生きる元気が湧いてくるのだと言えるでしょう。

「悪人正機」とは
救いのめあて、中心が悪人だということ
どうしようもない思いをかかえて生きる私たちのこと

「悪人正機《あくにんしょうき》」という親鸞聖人の言葉が世間でよく引用されます。ここで言われる「悪人」というのは、世間で言う「悪人」とは意味が違います。

この「悪人」というのを、親鸞聖人は自分自身のこととして受け止められました。親鸞聖人の言われる「悪人」とは〝煩悩《ぼんのう》をかかえている自分自身〟であり、もっと広げれば、我利我欲《がりがよく》にしばられている私たち人間の姿そのものを「悪人」という言葉でとらえられたのだと思います。

「正機」とは、阿弥陀さまの救いの中心となる対象、という意味です。あくまでも救いの対象ということで、救われるための原因や理由を示しているわけではないのです。「悪人正機」とはつまり、悪人が救いの中心、「めあてである」ということで、悪人であるから救うという意味ではありません。

いまの社会の法律では、実際の行為だけが処罰の対象であって、心で思うことは犯罪にはなりませんし、罪に問われることもありません。しかし、仏教的には具体的に悪い行いをしなくても、どうしようもない欲にしばられて生きる私たち一人ひとりが「悪人」と考えられるのです。ですから、悪人正機の「悪人」というのは、犯罪を犯した人という意味ではありません。そして、すべての人が阿弥陀さまの救いの対象となっているということになるのです。

「自力」とは自分の「力」で救われると思うこと精いっぱい生きることを否定してはいない

浄土真宗の教えは「他力《たりき》」や「他力本願」という言葉に象徴されますが、そのためか「自分自身で努力をしていく」ということを、否定的にとらえがちなところがあるように思います。

「他力」とは阿弥陀さまのはたらきのことであり、私たちは「阿弥陀さまの力におまかせする」のであって、決して「他人の力をあてにする」ということではありません。その「他力」の反対が「自力《じりき》」で、「自力」とは私がさとりを求めてする修行のことです。しかし親鸞聖人は、自分ですることのすべてを「自力」として否定されたわけではありません。

親鸞聖人が否定された「自力」は、「阿弥陀さまのはたらきを疑うこと」です。たとえば「南無阿弥陀仏《なもあみだぶつ》」とお念仏を声に出して称えるとき、称えた努力の対価としてさとりを開く、浄土《じょうど》へ生まれるというとらえ方、つまり、自分の「手柄にする」ことを「自力」として否定されたのです。「南無阿弥陀仏」と声に出して称えること自体を「自力」と言って否定されたわけではありません。

親鸞聖人ご自身も、もちろん声に出して「南無阿弥陀仏」と称えられ、教えを伝えるために手紙や多くの書物をしたためられています。そういう努力をされているのです。自分自身が阿弥陀さまの教えを聞いて自分のものにし、ありがたいと喜ぶ。しかし、そこでとどまってはいないで、その喜びをほかの人に伝えていく。そういうことは阿弥陀さまのはたらきによる御恩報《ごおんほう》謝《しゃ》の行いであって「自力」ではありませんが、それもまた「自力」だと思っている人がいるような気がしてなりません。

いまこの自分自身のいのちを、阿弥陀さまの智慧《ちえ》に導かれて一生懸命努力して生きていく、あるいは教えを伝えていく努力をすることは、否定されるべき「自力」ではないのです。

苦悩や悲しみをかかえる人の問題のすべてを解決できなくてもともに生きていく

一般に自分の力で修行してさとりをめざす仏教では、他人に利益《りやく》をもたらす行いを「利他行《りたぎょう》」と言って重視しますが、浄土真宗の場合は、この意味での「行」はありません。浄土真宗には私たちがいまこの世で実践する利他行という考え方はないのです。自分自身が阿弥陀さまと出遇《であ》う浄土真宗的な生き方をする中で、自分一人の幸せを考えているだけでいいのかという観点から、自分の内面をしっかりと見つめていくことを大切にします。

いろいろな苦悩や悲しみをかかえている人に対して、私たちがその問題のすべてを解決して助けることはできないにしても、そういう人たちとともに生きていくというところで、社会とのかかわりが生まれてくるものだと思います。

他人の喜びを喜びとし、他人の悲しみを悲しみとする阿弥陀さま。慈悲の心、見返りを求めない生き方。まったく及ばなくとも、私たちも少しでもそんな生き方をしたいものです。

自分の価値観で振り返ったのでは客観的にものごとを見ることはできない自分の価値観を離れること

自分自身を振り返るとき、自分自身の価値観によって振り返ったのでは客観的にものごとを見ることはできません。ですから、自分自身の価値観を離れる必要があります。それが阿弥陀さまの「はたらき」だと思うのです。

自分自身が存在している中で、まわりの人たちとの関係性、つまり「ご縁」を大切にしていく。それができるのは、阿弥陀さまの「はたらき」を受けているからです。

ところで、仏教的なさとりの世界を表す「無我《むが》」や「空《くう》」をそのまま、いま現に私たちが生きている世間的な場所に当てはめてしまうと、社会から離れたものになってしまいます。そうではなくて、この社会の中で生きていく私たちの生き方という意味では、浄土真宗の教えが一番自然に、その姿を示すことができると思います。

一般的な仏教のイメージとして、修行をするということがあります。究極的には世間的な生活の場から離れて厳しく生活を律し、静かな環境の中で自分自身の問題を見つめることになります。それに対し、浄土真宗には、世間的なこの生活の現場から離れないという特長があります。自分が生きているこの現場で、いまの自分のあり方が、観念だけではなく、思いも行動も「阿弥陀さまとともに」という教えに照らされながら生きるということだと思います。

生きづらさからとき放たれた新鮮な感動を伝えていくことが大切

たいへんうれしかった話があります。私と同じくらいの年齢の女性がお話しくださったことです。

結婚されるまで仏教や浄土真宗にまったくご縁がないところで生活をしてきて、結婚をされたお相手がお寺の後継者だったのです。お寺に入って教えを聞くようになり、ただ人柄に惹《ひ》かれて結婚したお相手やご家族の方の生き方のベースに浄土真宗の教えがあることに気づき、それによってご自身も「生きづらさからとき放たれた」というお話をしてくださいました。浄土真宗の法話では、伝統的に、「阿弥陀さまの教えを聞くことによって自分がどう変わってきたか」ということをあまり強調しない傾向にあります。しかしそれを言葉にしないと、そのままでいいのだという慢心《まんしん》に陥《おちい》ってしまうのではないでしょうか。

三世代同居の家であれば、おじいさん、おばあさんがお寺参りをする姿、家のお仏壇の前で手を合わせている姿、生き方や発する言葉で教えも伝わっていたのですが、核家族が多くなり、そういうものが伝わりづらくなっているので、私はやはり「言葉で伝えていく必要がある」と思っています。

おそらくいままでのお寺の中の常識とは少し違う新鮮な感覚で、この方のお話を聞かせていただけたことをうれしく思いました。特に年配の方には、そのような思いを積極的に表現していただけるとうれしいです。

対談●遠藤保仁さん（ガンバ大阪）とともに

ぶれることなく思いを伝える

ともに、よい方向をめざして

サッカーの魅力とは

大谷　はじめまして。テレビではよくサッカーを見させていただいております。遠藤さんにとってサッカーの魅力はどのあたりにあるのですか。

遠藤　見ていただいて、ありがとうございます。サッカーの魅力は、もちろんゴールを決める、ゴールを守るということにもあるのですが、純粋に一つのボールを全員が奪いにいったり、相手に奪われないようにしたり、まわりの選手が犠牲心を持ってやっていって、助け合い、喜びや悲しみをわかち合いながら、一つステップを上がれたときには、やっぱり大きな喜びがありますね。

大谷　特に野球と異なるのがスタジアムの雰囲気ですね。観客との一体感がほかのスポーツとは違うと感じます。公務で飛行機に乗る機会が多く、京都から車で空港に向かうとき、ガンバの競技場の横を通ります。機会があれば、スタジアムで試合を見たいと思っています。

遠藤 ぜひご観戦ください。

大谷 ところで、どんな競技でもプロ選手は当然、技術と精神の両方が大事だと思いますが、遠藤さんはどちらがより大事だと思われますか。

遠藤 ぼくは「心が体を動かす」と思っているので、メンタルのほうが大事かなと思いますが、メンタルだけ強くてもというところもあるので、メンタルと同じくらいの技術があればいいのかなとは思っています。でも最後は、なんだかんだ言っても「根性」というときもあるので、ほんとうに追い込まれたときに力を出せるかどうかはメンタルかな、というふうには思います。特にサッカーは、ここで走らなきゃいけないときに走れない選手と走れる選

手とでは大きな差が出てくるので、そこはもう技術うんぬんの問題ではなくて「気持ちの強い者」が、というところもあります。

大谷　練習でも苦しいときがあると思いますが、最後の最後にがんばれる源になるものはなんでしょうか。

遠藤　もう「勝ちたい」執念だけです。「優勝したい」とか、「目の前の敵に自分が負ければこのチームが負ける」と思えば、自然と踏んばろう、走ってやろうと思いますね。そういう選手は、日本代表に多いです。メンタルの弱い選手は、代表にまでは入ってもすぐ外されてしまうことが多いような気がします。

遠藤保仁　えんどう・やすひと
一九八〇年、鹿児島県生まれ。鹿児島実業高等学校卒業後、横浜フリューゲルスに入団、京都パープルサンガを経て、二〇〇一年、ガンバ大阪に加入。「国際Aマッチ出場数最多記録保持者」「二〇〇九年アジア年間最優秀選手」「二〇一四年JリーグMVP」など多くの記録を持つ。二〇一四年のガンバ大阪三冠に貢献。著書に『白紙からの選択』『変えていく勇気』『信頼する力ージャパン躍進の真実と課題』など。

自分の短所は隠さない

遠藤　メンタルと関係して、ぼくは、自分の短所は隠しません。常に自分が把握しておくよう心がけています。自分の短所を隠さないと不利なときもありますが、ぼくの短所をほかの選手が得意にしている場合もあるので、自分から「お願い！」と言うときもあります。その代わりに、自分のいい部分でほかの選手からしたら短所になる部分を、その選手のためにぼくが補うこともあります。

ぼくは「短所を知ると自分が強くなれる」と思っています。もちろん短所を克服するために努力しなければいけないのですが、ただ短所ばかりをトレーニングしても自分の一番いい部分がそれ以上伸びなくなるので、そこのバランスが非常に難しいです。ぼくの場合は、足が遅いとか、ヘディングが苦手といった短所があるのですが、ほかの選手より一歩でも速くなるために、できるかぎり体のいろいろな部分を鍛えたり、先を読む力をつけて、スタートを人より早くするなどの努力をしなければいけないと思っています。ぼくの長所ってあまりないんですよ（笑）。でも、頭は使える選手だなっていうふうには思っています。もちろん読みが外れることもたくさんあるのですが、いろいろな経験から、若い選手よりはゲームの先を読むという部分は一応得意というか、武器としている部分はあるのかなと思いますね。

大谷　私は、短所は隠したくなります（笑）。ただ、短所に気づいていなければ隠すということもできませんし、少なくとも自分が意識しておくことは大切かなと思います。いろいろな方の話を聞く機会が多く、自分の身に引き寄せて聞くようにしています。

褒める、褒める

大谷　私が心がけているのは、小さな子どもさんなどになるべく声をかけることです。子どもさん自身がその後、覚えておられるかどうかはわかりませんが、実際にしてみて、まわりの大人の方が喜んでくださり、子どもさんにいろいろ声をかけてくださるので、それがすごくありがたいなと感じています。

遠藤　小学校五年生の練習試合で、当時、ぼくらの小学校の中では「アウトサイド」といって足の外側で蹴《け》るプレーはあまり褒《ほ》められるものじゃなかったんです。けれども、そのときの指導者が、ぼくが左足のアウトサイドで蹴ったプレーをものすごく褒めてくださって。それがたまたまゴールになったから褒めてくださったのかもしれないのですが、小学校五年の生意気なぼくが「この人いい指導者だな」って思った（笑）。本来なら怒られるようなプレーを褒めてくれたというのがあったので、それを繰り返すことによって自分がやっていく自信にもつながっていきましたね。本来であれば右のインサイドで蹴るのも同じ回転になるので、それなら、ぼくは右利きですし、右足のインサイドのほうが間違いなく正確です。苦手な左足のアウトサイドで蹴るってなかなか難しいことなんです。

白紙からの選択――とらわれないこと

――遠藤選手は『白紙からの選択』というご著書の中で、「自分の観念でああだこうだと決めつけず、その場その場で一〇〇％全力を出しきって、毎回『さら』でぶつかっていく」と述べておられます。大谷門主は、モノやコトにとらわれず、自分を阿弥陀《あみだ》さまにおまかせして「とらわれない」「執着《しゅうじゃく》しない」ことが大切だとよくおっしゃいます。そのあたり、共通するお話もあるのではないでしょうか。

大谷　仏教は私たち人間のさまざまな悩みや苦しみの原因が、「自分の考え方に対するとらわれ」「自己中心的な考え方」にあると教えています。常にそれを意識して考えているわけではありませんが、「はっ」と気づかされるときがあり、わが身を振り返るようにしています。現実はなかなか、そういうわけにはいきませんが（笑）。

遠藤　ぼくらは、サッカーの試合中に一秒先の状況がどうなっているか、もちろんわからないですし、こうすればこうなるというのもまったくありません。敵も味方もいますし、チームのコンセプトもある中で、「いかに一瞬できれいな絵を描けるか」の勝負になってくるので、非常に難しいんです。自分の意図したプレーで、まわりの選手がそれを感じて思いどおりに動いてくれたりしたときには非常に喜びがありますし、それがうまくいけば得点につながるときもあるので。そういう意味では、あまり自分のプレーだけを出せばいいというふうには思わないですね。ぼくは運動量も多く、頭も使わなきゃいけないポジションで、決めつけていくとチームメイトもついてこなくなり、うまく回せないときが多いので。

サッカーでは「頭が疲れる選手はいい選手」とよく言われます。試合が終わった後、「ああ、今日は頭が疲れたなあ」と思う試合は、だいたい勝っています。頭が疲れるのは、まわりのプレーなどいろいろなことを頭に入れ、常に「さら」の状態で絵が描けるよう情報を組み立てているからです。情報は入れられるだけ入れますし、自分だけの情報じゃなくて、敵の情報も入れます。味方の「あの選手、ちょっと疲れてるな」とかいう情報も頭に入れながらプレーをすると、選択が変わってきます。その選択をいかにゴールに結びつけるかというところまで考えるようにしています。情報を全部踏まえたうえで、できるかぎり「白紙からの選択」をするわけです。

大谷　職業にかかわらず、どなたでもそうだろうと思うのですが、自分の置かれている状況やまわりの状況を把握したうえで、その時々にいい選択ができるということが大切ですね。私も自分自身の考えや思いをあらかじめ整理するようにしていますが、実際に相談ごとや決めごとがあるときには、なるべく先入観なくのぞむことがよいと思っています。

二〇一六年十月から、門主就任を阿弥陀如来《あみだにょらい》と親鸞聖人《しんらんしょうにん》の前に奉告する伝灯奉告法要《でんとうほうこくほうよう》（京都・西本願寺）を営《いとな》みます。法要を前に、全国の教区、別院、教堂という拠点六十カ所を巡り、その行事の一つとして、各地で五、六人の方と一緒に懇談をさせていただく機会がありました。自分が話したいことを前もって用意していきますが、それを全部出そうとせずに、できるかぎりその場の状況に合わせるように心がけています。選択肢を準備する必要はありますが、いずれにするかはその場の状況によることが重要だと思います。

どんな監督・リーダーがいいのか？

――お二人にはこういう監督がいいとか、こういったリーダーがいいといったイメージはおありですか。

遠藤 何も言わない監督が、一番いいんですよ。選手が気づき、選手が行動して、結果を出す。監督は指示して、ベンチに座って見ているだけ（笑）。それが一番いい監督だと思っています。ですが、現実はだいたいみなさん、怒鳴ってます。

大谷　なるほど（笑）。

遠藤　怒鳴らない監督はいないですから。ただ怒鳴ったり、怒ったり、注意したり、わざとやっているパフォーマンスであればまったく問題ないと思います。チームをギュッと締めたり、リラックスさせたり、そういう監督が一番いいのかなって、ぼくは想像していますけれども。でも実際、ぼくが監督になったら、まず怒鳴るでしょう。怒鳴る回数の少ないチームのほうが、間違いなくいいと思いますが。

大谷　先日新聞に、全日本大学野球選手権大会で、ある大学が上位に進出した要因の一つに、学生がコーチとしてサインを出すようになったことが載っていました。遠藤さんがおっしゃるように、監督と選手、先生と生徒という関係ではなく、実際にプレーする人同士が自分たちで考えて動くチームや組織が、やはり強いということを感じます。

遠藤 勝手にフォーメーションとかを変えたら怒られますけれども、実際プレーしているのは選手なので、本来であれば、選手が気づいて「こうしたほうがいいんじゃないですか」と監督に言って、許可を得るのが一番いいんですよ。監督からアクションして、選手がリアクションというのはあまりよくないですね。

大谷 チーム内の若い選手には、どのように接しておられるのですか。

遠藤 ぼくは、ほんとうに何も言わない。アドバイスがほしいと聞かれた場合は、もちろん「こうしたほうがいいんじゃないかな」とは答えますけれども。若い人が積極的なプレーをしてミスしたり、うまくいかないことがあったとき、ぼくは褒めます。ミスしない人はいないので。ただ、「こっちのプレーのほうがよかったんじゃないかな」とは言います。しかしそれは結果論で、その選手のサッカー観とぼくのサッカー観は違いますから。ぼくのこの目で見えているものと、その選手が見えているものも違う。だから、その選手が自信を持ってプレーをして失敗したのであれば褒めますね。「いいよ」って。

大谷　自分を中心に考えていると、自分が思っているのと違うことをされると、どうしても「なんで？」と思います。遠藤さんがいまお話しされたことが、やはり大切だと感じます。私も自分の子どもには、外でほかの方に迷惑をかけるようなときは別ですが、なるべく怒らないように心がけています。

信頼する力

大谷　遠藤さんは、ご著書『信頼する力』の中で、監督と選手の信頼関係について書かれていました。少し詳しくお話しいただけますか。

遠藤 それは非常に重要な部分です。選手も「監督から必要とされている」というふうに思えば、プレーはまったく変わってくると思います。自分自身に責任感が出ますし、「このチームを、この監督を勝たせる！」「勝てるチームにしていきたい！」という気持ちも自然に出てくると思います。

その点、元日本代表監督の岡田武史さんは、「どこの国の試合を見てるんだ？」というくらい世界中の試合を見て、日本が強くなるためにどうしなければいけないかというのをいろいろな観点から考えておられた方です。一歩でも先に足を出せる、コンマ一秒でも足を速くするために、陸上競技の先生に会いに行ったりする。そういう積み重ねが世界との距離を縮めることになるので、真剣に日本のサッカーのために考えていたというのを知ったとき、「この人といい結果を出したいな」って思いました。そして自分自身も、それまでやってきた努力がまだまだ足りなかったと気づかせてもらえたので、いろいろな相談も岡田監督にしました。逆に岡田監督から、ぼくに意見を求めていただいたときもあります。そういう、ほんとうにいい信頼関係を、岡田監督とは築けたかなと思いますね。

大谷　なるほど。宗教の場合も、一般生活の場合も、信頼、つまり「受け容れてもらえる」という安心感がないと、なかなか話もできないと思います。

やはり人と人との関係はなかなかかんたんに築けるものではないので、私自身がぶれることなく自分の思いを伝えていく中で、同じように思ってくださる方があればよいと思っています。

いまの二十代、三十代、四十代の方と全国各地でお話をして、やはり社会状況の変化、特に少子化、高齢化や過疎化によってもたらされる、お寺から見れば外的な要因に直面して、これからの教えやお寺の存続に対する危機感を共有できたと思っています。状況を考えれば、次に自分たちは何をなすべきかを考えなければなりませんし、行動にも移していかなければいけません。個々の力とともに全体で、よりよき方向に向かっていきたい。また、そのように行動する方の背中を押すことができればとも思っています。私の場合、浄土真宗本願寺派《じょうどしんしゅうほんがんじは》の事情という特有の部分もありますが、その中で、現代社会の状況などいま感じていることについて、変化のきっかけとなればいいと考えています。

宗教の魅力とお寺の役割

――宗教は人によっていろいろな感じ方があると思うのですが、「宗教の魅力」はどのあたりにあるとお思いですか。

遠藤 「何かあるんだな」とは思うのですが、あまりわかっていません。

大谷　昔からお寺では、子どもさんを対象に日曜学校をひらいています。その中で、仏教やいろいろなことを伝えてきました。さらにもっと昔は、ご門徒さんが農作業で忙しい時期に、お寺が子どもさんを預かるようなこともしていました。お寺は小さな子どもさんから大人までが安心できる、ホッとできる場所だと思います。しかしいまは、そのことが伝わっていませんので、上手に伝えることができればと思っています。

――ひょっとしたら、お寺のご住職さんが中心になっている少年サッカーチームがどこかにあるかもしれないですね。

大谷　いろいろなところでかかわっている方はおられると思います。

遠藤　ぼくが子どものころは、あまり時間も気にせず、まわりも気にせず、楽しく遊んでいたのが、いまの子どもたちはなかなかそれができなくなっているので、楽しく安全に遊べる時間だったり、空間だったりというのが、もっとたくさんできてほしいな、というふうには思いますね。親が近くにいないとなかなか遊べないとか、そういう時代になっているので。

大谷 私が小学校のときも、電車で通学している友だちがたくさんいました。いまは小学生が定期券で改札口を通ると、親御さんのところへ「通った」と知らせるシステムがあります。そうした社会になっていることは、とても残念だなと思います。また京都では最近、「公園がなくなる」という記事が新聞に載っていました。子どもが安心できる場所が地域の中でさらに減っています。お寺がまた安心して遊べる場所になれば、と思います。

遠藤 そうですね。鹿児島のぼくの実家の近く、歩いて二、三分のところにお寺があって、子どものころ、境内《けいだい》でみんな遊んでいました。サッカーも野球も、それこそ缶けりとかもしていました。「ボール蹴っても大丈夫だろう」というくらいけっこう広い境内でした。いまは、そういう場所で遊ぶ子ども

も、ぼくのまわりでは聞いたことがなくて、やはりそんな場所がたくさんあってほしいな、と思いますね。お寺で何かドンとぶつけて、ご住職に言われたこともなかったですし、少なくともぼくは大丈夫でしたね（笑）。
ご住職は、「遊ぶなら楽しく遊びなさい。その代わり何かあったら言ってきてね」という感じで、放っておいてくれたのがうれしかったです。子どもは勝手に来て、自由に遊んで、勝手に帰っていきました。毎日、地域の子が集まってサッカ

ーをしている横で缶けりをしていました。楽しかったですね。

家族との時間

――遠藤選手はお子さんや奥様とのオフの時間をとても大事にされているそうですが。

遠藤 そうですね。普段、家を空けることも多いですし、シーズン中は学校が休みの日に試合があるので、オフのときはできるかぎり家族と過ごすようにはしています。喜んでいるのかどうかはわからないですけれども、たまに子どもとサッカーもしますし（笑）、家の前で遊んだり、大きい公園へ行って遊んだり。家族との時間を大事にして、サッカー以外の用事はできるかぎり平日に入れるようにしていますね。

大谷　私も公務で外に出ることが多いので、家族と過ごす時間は少なくなります。下の子どもが七カ月のとき、五日ほど家を空けて帰ってきましたら、一瞬不思議そうな顔をしたんですね。でも幸い、泣かれなかったのでよかったです（笑）。泣かれたりすると、ちょっと悲しいなと思いますが。

——お二方とも奥様をたいへん大事にされるそうですね。

遠藤　ぼくが鹿児島で、嫁さんも鹿児島です。

大谷　うちは妻が宮崎です。

——南のほうの方は明るいのですか。

遠藤　いや、どうですかね。厳しいですよ（笑）。でも、オフのときは一緒にランチとか行っています。

大谷　子どもが生まれるまでは、妻と二人でご飯を食べに行く機会が多かったのですが、いまはなかなか二人で出かけるわけにはいきません。公務で外に出ることが多い分、妻には、私が安心して家を空けられるようにしてもらっているかなと思います。

遠藤　ぼくには子どもが四人いるので、奥さんはどっしりしてるなって(笑)。特に日本代表に入っていたときは、たえず家を空けていたので、子どもがちょっと風邪で熱を出したときとか、どっちも実家は鹿児島で親もすぐ来られないし、少し心配しましたけれども、肝がすわっていますね。頼りがいがあります。

子どもといる時間

遠藤　練習場を出たらもうサッカーのことは考えないようにしているので、家では、普通にリラックスして、子どもと遊ぶことを楽しんでいます。一番上が女の子で一番下が男の子。一番上と一番下が十歳離れているんですけれども、二人が一緒に遊んでいるのを見たら「かわいいな」と思いますね。ぼくは見ているだけですが、滑り台へ行こうとか、あっちへ行ってみようとか、子ども同士で行くのを見ていると、きょうだいっていいなと思います。

大谷　先日、子ども二人が先に寝ていました。上の子は寝室へ行ったところで、布団の上に横になってまだ眠ってはいませんでした。下の子が泣くと、横へ行って背中をさすったり、妹のことをちゃんと見てくれて、すごく成長したなとうれしく思いました。

車でリラックス

――お二人とも車がお好きだそうですね。

遠藤 ぼくは毎日、自分で家から練習場まで運転しています。時間は十五分くらいですけど、好きな音楽をかけながら一人になってリラックスできる空間です。サッカー選手は頑丈な車のほうが体を守れる、と若いときに言われたので、ガッシリした大きい車が好きですね。スポーツカーよりは四駆《よんく》が好きで、速いというよりはどっしりしているほうが好きです。車は何度か買い換えましたが、いま乗っている車種は十年以上同じです。

大谷 私は、小学生のころ、スカイラインを見てカッコいいと思ったのが最初です。私の場合は普段ほとんど乗ることはありませんが、車は一人になってホッとできる時間、気分転換にもなる時間だと思っています。別にスピードを出して運転するわけではありません。余裕を持って運転しています。安心できる感じがいいですね。

ゴルフについて

遠藤　リラックスできる趣味というと、ゴルフが好きですね。サッカーのシーズン中はなかなか行けないのですが、一回行くとまたすぐに行きたくなります。自然の中でいいリフレッシュになるのと、知り合いと一緒に行くと、誰かがミスショットをしたら「ああ〜」などと言ったりして、リラックスしながら朝から夕方までゆっくりできるのが好きです。スコアは、恥ずかしくない程度ですかね。

大谷　私の場合ゴルフは、非常に走らないといけないのと探さないといけないので（笑）、いまは忙しくて休んでいます。以前は本願寺派のコンペにも行っていました。もともと曽祖父《そうそふ》（大谷光明《こうみょう》師）がイギリスに留学したときにゴルフと出合い、日本にゴルフを持ち込んだ最初の一人と言われています。祖父（大谷光照《こうしょう》浄土真宗本願寺派第二十三代門主）もゴルフに熱心でした。そういうことからも、まわりからは私がゴルフをすることを期待されているのですが（笑）。

初対面でのお互いの印象

遠藤　お寺に来てこういう対談を経験することはなかなかないので、すごく楽しみにしていました。機会を設けていただいて、ほんとうにありがたいですね。はじめは、怖い方だったらどうしようかと思っていましたが（笑）。お話しさせていただけてよかったです。

大谷　テレビで遠藤さんがサッカーをされる姿を見ていましたので、こういう場で対談させていただき、とても話しやすく親しみを持ちました。

遠藤　ありがとうございます。今日を機にいろいろ勉強したいなと思いました。

大谷　ありがとうございました。

対談●大平光代さん（弁護士）とともに

親と子が安心できる社会に

お寺をほっこりできる場に

田舎の月明かりの下での暮らし

大谷　本日は遠方からありがとうございます。最近、大平さんがお感じになられていることは何ですか。

大平　私はいま、兵庫県丹波《たんば》市で、いわゆる田舎暮らしをしております。もともと大阪市北区の中心地に住んでおりまして、娘がダウン症候群を持って生まれましたので、娘を養育するために思いっきり田舎で暮らそうと心を決めてまいったわけです。

自宅のまわりは、もうなんにもありません。街灯が少ないので、夜になると真っ暗です。でもその中で、満月に近くなると月明かりがあたりを照らして、ものすごく明るくなります。星もとてもよく見えます。本来、人間というのはこういう中で、太古の時分からずっと生きてきた。その根っこ、原点を感じますし、おかげさまで娘ものびのびと育っております。

先日、救急外来の医師で、弁護士をめざして法科大学院に行き司法試験を受けようとされている方が、奥さんと男の子三人でわが家にいらっしゃいました。上の子が四歳で、年子の子が続いているんです。

そのときに、何を壊してもいいし、どこに入ってもいいからということで、子どもたちに思いっきり好き放題させてみたんです。そうしたら男の子ですから、もうさんざん暴れて、落書きをして。でもね、すごく生き生きしているんですよね。

そのときお母さんが「自由にさせてもらって、子どもたちがこんなふうに生き生きして見えるのははじめてです」とおっしゃったのが、とても印象的だったんです。

この背景には、日本の住宅事情があると思います。集合住宅などでは、子どもがちょっと暴れたら近所から「うるさい！」と言われ、親は「子どもを静かにさせよう、静かにさせよう」という意識がはたらいて、どうしても子どもを抑圧してしまいます。

住宅事情は急には変わりませんので、そういうとき思いっきり遊べる場所、たとえばお寺さんの境内《けいだい》はけっこう広いから「ここでは思いっきり遊んでいいんだよ」と開放していただけたら、親御さんも安心して子どもを自由にさせることができて、子どもも生き生きとする。

その中で「おやつをいただくときには、ちゃんと仏さまのお下がりを待ちましょう」とか、「手を合わせましょう」とかいうことができたらいいなって思うのですが。

親も子も気をつかわずにいられる場所がお寺

大谷 私は妻（裏方）が宮崎出身で何度も行っています。妻の実家のお寺は、まわりが畑で牛を飼っている方もおられます。土の匂いや、日の光、海も少し見えます。夜空の星が京都や東京とはまったく違います。短期間行くだけでも、すごくホッとしますし、元気になります。

子どもとお寺の関係では、お寺へ来て、畳《たたみ》のある本堂などある程度広い空間で赤ちゃんが自由にハイハイしたり、歩けると思います。お母さんもナーバス（神経質）になって子どもの動きを見守る必要はないので、お寺は、子どもさんにとってもお母さんにとっても、とても安心できる場所になれると思います。

お寺も、特別に何かを用意するのでなく、いまあるものを活用し、小さな子どもがのびのび動ける場所として、お寺の利用が広がればよいと強く思います。

家の中で子どもが泣くとご近所に気をつかったり、公園などもほかの方がおられます。広い空間で子どもを放っておくことができません。お寺でしたら、子どもが泣いていてもそこまで気をつかう必要はないでしょう。先日聞いた話ですが、岐阜県のあるお寺では、子どもさんと子育て中のお母さんがお寺へ来て話がで

きる機会をつくっておられるそうです。

大平 そういうことって大事ですよね。

大谷 また、あるお寺では仏教婦人会の方がおまんじゅうをつくる機会があ

大平光代 おおひら・みつよ
一九六五年、兵庫県生まれ。二十九歳で司法試験に一度で合格、弁護士として活躍。非行少年の更生に尽くし二〇〇三年から〇五年まで大阪市助役。四十代で浄土真宗本願寺派の中央仏教学院通信教育部専修課程を卒業。

ると、昼間お孫さんを見ている方が一緒に連れてこられるそうです。そのことが、小さな子どもさんにとって、とても多くのことを学べる機会になると思います。私は「それは、子どもさんにとってすごくいいことですよね」とお話しさせていただきました。

大平　そうですね。いま、私たちが一番しなければならないのは、社会として子どもたちをいかに育てていくかということだと思うのです。どうもそこのところが置き去りにされているような気がします。

いまの子は自分の気持ちを伝えるのが苦手

大谷　いま、上の子どもが幼稚園に通っています。幼稚園の子どもさん全体から受ける印象は、明るく話をするのが好きな子でも、自分の気持ちを伝えるのが苦手だということです。

大平 子どもらしくないんですよね。それは私も感じているところです。子どもというのは本来自我のかたまりですから、ガーッとまわりのこともあまり配慮しないのが子どもだと思っていましたが、いまはどうも大人のコピーみたいな子どもがけっこう多いんですよね。

それはやはり家族のあり方が変わってきたこともあって、普段から自分を出せないのか、特に都会に行きますと親子だけの家庭が多いので、その中で、自分の気持ちをストレートに出せない子どもが増えています。これでは、大人になったときにどうなるのかなという心配もあります。田舎の大家族の場合、子どもは両親に期待できなくても、おじいちゃん、おばあちゃんに自分の思いをぶつけることができて、なんとなくバランスがとれているところがあります。

社会の中で親も子も余裕がなくなっている

大平　以前、北海道の山の中に子どもを置き去りにしたニュースがありました。実は私、子どものころよく祖母と一緒に買い物に行って、わがままを言って置き去りにされたことがあるんです。祖母は怒って行ってしまって、私は置き去りにされたけれども、でも子ども心に、角を曲がったところで祖母が必ず私を見ているというのがわかるんです。私は思いっきりだだをこねて、わーっと泣いて。そうすると、なんかスッとする。で、見たら、祖母がニコニコして角で待っている。言葉は交わさなくても、「ごめんなさい」という気持ちが子ども心に芽生える。その距離感、昔はそれを大人も普通に保つことができていたと思うんです。

　ところが、今回ニュースになった一件では、奥さんの母親が、「父親は非常にまじめでこんなことをするような人じゃない、子どもをきちんとしつけようとしただけだ」と一生懸命かばっていらした様子を見て、そうした「子どもと大人の距離感のわからなさ」、現代の生きにくさがあらわになったのではないかと思ったんです。

大谷　やはり社会の中で余裕がなくなっているのかなと思います。特に子どもさんは、いまの社会の中では泣ける場所がありませんね。スーパーなどでも、大声を上げてだだをこねさせておくわけにはいきません。また、保育園が迷惑施設だと言われるような時代ですから、子どもさんも発散できる場所がない。親御さんも、それを見守れる場所がないのですね。

大平　そうです。「静かにさせなあかん」「教育せなあかん」というふうに。

大谷　ですから、子どもを「押さえつけないといけない」という気持ちになるのかなとも思います。そう考えますと、子どもを置き去りにした親御さんにとっては、ほかに人のいない山の中が「子どもを置いておける場所」だったのかもしれません。

東京などでは、ベビーカーで電車やバスに乗ることについてもさまざまな意見があったりします。やはり、一人ひとりが住みにくい、生きにくい世の中になっていると感じます。

悩んでいる人にいていただける所

大谷　いま、特に都市部の子どもさんはひとりっ子も多いので、そういう小さな子どもさんが社会の中で孤立しがちなのではないでしょうか。小学生のうちから、なかなか学校へ行けなくなるような子どもさんもおられると聞い

ています。やはり家族の方や先生には話しにくいこともあるのでしょう。お寺が、そういう子どもたちが来て話をでき、安心できる場所になれたらいいな、と強く思います。

大平　いろいろ悩みがあっても、悩んでいる側はそれをすべて解決してほしいと思っているわけではなくて、ただ話を聞いていただけたら八割方解決する、気持ちがスッとするところがあります。いままではお寺さんがそういう役割を果たしていました。ところが、だんだんそういうことが少なくなってきました。そこをなんとか、お寺が「とりあえず来ていただいて、いていただいて、ホッとできる場所」になってくれたらな、というような思いがあります。

お寺を社会の「安心できる場所」に

大谷　とても印象に残っていることがあります。地方から首都圏へ出てこられた方が、ご縁があって神奈川県のお寺へお参りに来られるようになりました。しばらくして、「東京のほうへ来てはじめて安心できる場所に来ることができました」と言われたそうです。都市部の場合は、社会の中で安心できる場所がなかなかありません。やはりお寺が「安心できる場所」の一つになれるのではないでしょうか。

それは決して、仕事、建物、場所という意味だけではなく、教えをよりどころにしている人の生き方・姿がある。そういう雰囲気を通して、地方から来て不安をかかえている人たちを迎え入れることができるのではないかと思います。

大平 私は子どものころ、家にお仏壇がありましたので、月に一度お寺さん（僧侶《そうりょ》）にお参りに来ていただいておりました。いただき物にしても、まずお仏壇にお供《そな》えして線香が消えるまで待つという、なんでもないようなことと思われるかもしれませんが、我慢をする、あるいは自分よりも上の存在がある、自分が一番じゃないんだということを実感する場にもなっていました。

残念ながら、いまは家が狭いという事情もあったりして、お仏壇のない家庭が増えています。お仏壇に手を合わせる機会を幼いころに持つか持たないかで、その後の人生に大きな違いが出てくるのではないかなと私は思っています。特に弁護士として少年事件を担当して感じるのは、そういう経験がある子とない子とではこちらの言葉の伝わり方も違いますし、素地ができている子は、いったんは道をそれてもやはり戻ってくる方途があります。

そういう意味で、お寺さんに足を運んでいただいて、いま家庭でなかなかできないこと、なんでもまずお供えしてからいただくというような、家庭で以前していた大切なことを、お寺さんが代わって教えてくださる機会があったらなと思います。

日常の中で大切なもの、あるいは「目には見えなくても、何かあるんだよ」ということは、言葉で伝わるものでなく感覚として受け止める面がありますから、子どもたちには、そういうことをお寺さんでどんどん経験してもらいたいと思います。

坊守さんの力

大平 そのためには、ご住職もそうなのですが、お寺でご住職を補佐する坊《ぼう》守《もり》さんの役割というのがすごく大きいと私は思うのです。はたから見ていたら、何かあるとどうしてもご住職にばかりスポットが当たって、坊守さんに対するねぎらいというか（笑）、ちょっと少ないように思うのですが。

大谷 そうですね。特に浄土真宗《じょうどしんしゅう》のお寺では夫婦で住職さんと坊守さんという場合が多いと思いますが、住職さんはみなさん、坊守さんの力がとても大きいということを感じておられると思います。

大平 ご住職が坊守さんをねぎらうのはご家庭の問題としまして、宗派として何かの機会に坊守さんをねぎらうことがあったら、「よし、がんばるぞ」

という気持ちになられるのではないかなと思ったりもします。ちょうどいま、時代の転換期だと思いますので、まずはこの機会に、若いご門主の「みんなで力を合わせて、ちょっとおかしくなりかけている社会を、なんとか子どもたちが安心して暮らせるような世の中にするんだ」という意思が伝われば、みんな「やるぞ！」となりますよ。

お寺の後継者は自信を持って外へ

大谷　そうですね。坊守さんもそうですが、いまの二十代、三十代のお寺の後継者になる人たちは、お寺以外の仕事をされていたり、兼業されている方が多くおられます。いまは直接お寺のことをしていなくても、やはり教えやお寺をベースにした自分自身の生き方に自信を持って、職場や地域社会へ出ていってほしいと願っています。その中で、教えやお寺をベースにした生き方をどうやって伝えていくのか、あるいは社会とどのようにかかわっていくのか。これまでの反省も必要でしょうし、これからの工夫も必要です。その際に、社会とのかかわりで過剰に自信を持つと距離感が生まれてしまうので、謙虚な気持ちを持つことが大切だと思います。

大平 ほんとうにおっしゃるとおりです。自分が待ちかまえていて「さあ、来なさい」と言っても、もういまは来てくれるような時代ではありません。私自身が浄土真宗の教えでものすごく救われて、いま現在がありますので、この素晴らしい教えをもっともっと知ってほしい。そのためにはやはり伝える側がどんどん出ていかなければならない。なんらかの出会いをきっかけとして、直接会う。それが大事ではないかなと思います。

宗教が大事になる時代に

大谷　いままでの時代の中で戦後、特に宗教が重要視されなかった時期があったと思います。これからは、「人が生きていく」という意味で宗教がまた大事になる時代です。仏教、特に浄土真宗の教えは、その意味で社会に伝わる教えだと、若い人にも自信を持ってほしいと思います。

これまでは地域社会の中にお寺があって、地域の方とお寺の関係は、「教え」という側面とともに「地域の人と人とのつながり」という側面がありました。よくも悪くも「家の宗教」という考え方があり、代々同じ教えが家庭の中で自然と受け継がれてきました。いまのように核家族という状況ではありませんし、おじいさんやおばあさんがお寺に行く姿、あるいはお仏壇の前で手を合わせる姿を、次の世代の人たちが見て、自然と受け継いでいくということがありました。しかし、いま、その両方がなくなってきていると感じます。

ですからお寺としても、家というより、まず一人ひとりにお寺へ来ていただけるような関係性をつくっていく。地域差は当然ありますが、都市部であれば、地域というよりも、〝同じような状況〟にある人が来られる場としてのお寺といった発想をするのがよいと思います。

大平　そうですね。いわゆる「敷居を低くする」ということですね。ですが、それもいろいろなことがあってかんたんにはできないということは、よくわかります。しかし、門徒さんがこれから減っていく中で、お寺としてはきちんと自分たちのお寺を守っていかないといけないし、教えも広めていかなければならない。いま、非常に苦しい状況だと思います。

ですから、これだけ若い人に普及しているSNSという手段を利用しない手はないと私は思うのです。ＳＮＳの発信にも人を充《あ》てて、若い人たちが集まれるような工夫をすることが、これからはやはり必要ではないかなと思ってみたりもしているんです。

大谷　私は自分ではまったくＳＮＳをしませんが、特にいまお寺へ来られていない方にお寺へ来ていただく、あるいは教えを伝えていく部分で言うと、若い人たちが用いているＳＮＳは必須ですね。

大平　いまは情報の発信力がものごとを左右します。しかし、仏教というのは何かを求めてもすぐに答えが出るものではないと思います。ＳＮＳなどは手軽にやりとりができ、即効性がありますが、それだけでは話が深まりませんし、また広がりもしません。そのことを、若い人たちにきちんと教えてあげなければならない。そこをすっ飛ばしては何も始まらないと思います。親《しん》鸞聖人《らんしょうにん》も答えを求めて二十年間、比叡山《ひえいざん》で修行されました。

大谷 そうですね。これまでですと、ご法話をわからないなりに何回も聞き続けているうちに徐々にわかってくるという雰囲気の中に、お寺やご本山がありました。情報通信が飛躍的に発達した今日だからこそ、ゆっくり、じっくりと仏教の教えを味わっていただきたいと思います。

人と人がつながる

大平 ご門主は、最近の若い人たちが置かれている状況、SNSについてはどうお考えですか。

大谷 私が大学生のころからちょうど、まわりでは携帯電話を持つ人が増えてきました。それまでは用事があったら、家の電話にかけないといけませんでした。人と人のコミュニケーションは結局、人と会って話をすることが基本だったと思います。ところが、多くの人が携帯電話を持つようになって少しずつ変わりました。大学生になってはじめて東京で一人暮らしを始めたころ、高校の友だちと電話で話をし、直接会えなくても話ができるのはとても心強かったです。

大平　そうですよね。当時は、電話で話をしても知っている者同士でした。ところがいまは、まったく会ったことがなくてもインターネット上でのつきあいを「ネット彼氏・彼女」と呼び、その人を実際の彼氏・彼女だと思うような心理状況になる。

私たちもみんなそうですけれども、人間はやはり「つながり」を求めなければ生きていけません。これまでのつながりは、直接会うなり、顔がわかっている相手とのものでした。しかしいまは、顔のわからない相手との間で「つながっている」というような感覚になる。その結果、何が待っているか。犯罪の被害に遭ったりします。

私は弁護士ですから、そういう被害に遭った人からの相談はよくあります。その状況を改善するために、仏教が何か力になれないかというあたりでお考えはおありですか。

大谷 いま、電車などでお化粧をする人や、お酒やビールなどを飲みながら歩いている人が増えていますが、そのような人たちにとっては、電車や街頭が「公共の場でなくなっているのではないか」と言われた方がいました。つまり、その人たちにとっては他人といる場所が公共ではなく、LINE（ライン）などインターネットによるコミュニケーション手段でつながっている場所が公共なのだというわけです。電車の中には人が多くいて空間を共有してはいますが、つながってはいません。一方、空間を共有していなくてもLINEなどでは実際につながっている、という感覚に変わっているのではないかと言えます。人と人との関係が変わってきたことが、犯罪などにも結びついてくるのだと思います。

大平　社会のあり方自体が、私たちが育ってきた時代と変わってきてとまどいを感じますが、後戻りすることはもうないでしょう。行き着くところまで行く前に、人と人との関係性を、私たち自身が変えていかなければなりません。仏教も含めてそうだと思うのです。

浄土真宗をわかりやすく

大谷 海外の事例では、仏教と言うとチベット仏教が多く受容されているようです。それは仏教の教えを現代的にわかりやすく説いているからでしょう。また、坐禅《ざぜん》やヨーガなども喜ばれています。日本の仏教の場合では、「禅」が浸透しやすいと思います。教えからではなく、か

たちから入るのでわかりやすいのでしょう。

大平　坐禅など、かたちとしてありますからね。

大谷　浄土真宗は禅宗と比べると、かたちから仏教に親しむという点では難しいところがあります。浄土真宗の特長、魅力はやはり親鸞聖人の生き方、教えにあります。私は、いまの時代、浄土真宗の教えの魅力をわかりやすく伝える方法は二つあると考えています。一つは、「言葉で教えを伝える」ということです。ただし、その言葉を、いまの人がわかる言葉で話さなければ伝わりません。親鸞聖人が書かれた『教行信証《きょうぎょうしんしょう》』や聖人の教えを伝える『歎異抄《たんにしょう》』を引用しても、その説明をわかりやすく丁寧にする必要があると思います。

大平　そうですね。

大谷　それからもう一つは、人と人を通して伝わる部分のことです。僧侶やその家族などお寺の人やご門徒の方が、お寺でないところへ出ていって、一般の方とつながっていくということがとても大切だと思います。これまでは家庭の中、地域の中で伝わっていましたが、その二つがいま非常に難しいのです。

大平　若い子たちは、自分のことを理解してほしい、共感してほしいという気持ちをすごく強く持っていますから、こちらの話を聞いてもらうためには、まずこちら側がその子たちの言い分を「聞く立場」にならないといけません。ところが、その「聞く」ということが非常に難しい。こちら側の訓練も多分に必要だと思います。

大谷　そうですね。ほんとうに困っていることや、苦しんでいることを話してもらうのは、とても難しいことでしょう。そういう現代の状況の中で、浄土真宗では、教えを伝えることとともに、人びとの苦悩に寄り添っていくということを僧侶の役割として重視しています。特に、苦悩や悲しみをご本人から語っていただけるように「傾聴《けいちょう》」する、ということを大切にしています。

大平　たとえは違うかもしれませんけれど、試験勉強、受験勉強、資格試験も勉強し始めのころは、授業を受けていても漠然として、何が足りないかがわからないんです。これが、何がわからないかをちゃんと言葉で言えるようになると、もうわかっているんですよね。心の悩みも同じだと思います。漠然ともやもやしているんだけれども、これをなかなか表現できない。そこをサポートする側がうまく引き出す。その訓練がこれから必要ではないかと思います。

相談者の本音に迫れるか

大谷　そうですね。大平さんも弁護士をされていて、相談者が案件についてすべてを話してくだされば対策をいろいろと考えられると思います。しかしなかなか都合の悪いことを含め全部は……。

大平　おっしゃいません。私が弁護士になったころ、先輩弁護士から「依頼者というのはほんとうのことは言いません。ただ、それは、ウソというわけじゃなくて、人間誰でも自分に都合の悪いことは隠したいのです。それをウソだと決めつけるのではなく、なぜ都合が悪いのか、そこのところを解決しなければほんとうの解決にはならないから、それを依頼者から言ってもらえるような人になりなさい」と言われました。非常に耳の痛いことを（笑）。

大谷　しかし、弁護士さんの立場だと、依頼者から聞く前に、相手側からそこを突かれると困りますよね。

大平　そうです。特に私は少年事件も担当していました。子どもというのはなかなかほんとうのことを言いません。それと、短い期間に処分が決まってしまいます。目の前にいる私に対して決して本心は言いませんし、「反省しています」「もう二度としません」と言うことで罪を軽くしようとしますので、私は一切その子たちには説教とか、「こんなことをしたらあかんやろ」ということは言いませんでした。二時間会いに行っても、子どもが何も言わなかったら、私自身も何も言わないでただひたすら、じーっと前に座って二時間過ごすようなこともありました。

置かれた環境の中で

大平　話は変わりますが、私はステンドグラスをつくったり、油絵を描いていて、「いいね、好きなことができて」とよく言われます。ですが、私からしますと、そうじゃないんです。

もともと私はすごくバリバリ仕事をしていまして、娘が生まれてからもベビーシッターさんにおまかせして、自分は元のキャリアに戻ってバリバリ仕事をするつもりでおりました。ところが、娘はいろいろハンディを背負っていまして、もう自分の手で育てなければならないとわかったとき、仕事はピタッと辞めました。それで丹波のほうに引っ越したんです。当初は娘の養育をしておりましたけれども、そのうち娘もだんだん体が丈夫になってきて、保育園に行って過ごすことができるようになったんです。そうなりますと、時間ができてくるわけです。

ただ時間はできても、仕事に行くことはなかなか難しかったんです。いつ「熱が出たので迎えに来てください」と言われるかもしれない。そういう状況の中で、自分のいま与えられた環境、置かれた位置において何かできることがないかと思ったときに、たまたま隣のお宅でステンドグラス教室をされていたんです。それで習い始めて、「あっ、これは自分でできるかな」と思ったことが自分のしたいことになりました。娘が成長して小学校へ行くようになったら、ほとんど病院に通うことがなくなりましたので、「じゃあ、いまできることは何か」と考えたとき、油絵が好きで、子どものころ美術館に行ってもよく好きな絵の前で閉館までじーっといたな、ということを思い出して、それで油絵を始めたわけです。

ですから、好きなことをしたいと思ってしているわけではなくて、いま置かれた環境の中で何ができるかというところから出発をしているんだと、いつも説明しているのです。

大谷　やはり経済的な理由やさまざまな事情で、まったく余裕を持てない方が多くおられます。どのような生き方をしていても人のいのちには限りがありますし、いくらしたいと言っても……。

大平 ほとんどできません。それが世の中ですよね。

大谷 できないですよね。生きていくうえで、我慢しないといけないこともあります。もちろん目標を持って努力をしていくことは必要ですし、大切だと思います。しかし一方で、どうにもならないことをいつまでも追い続けることもできません。現実にはできることの中で生きていく。そうした中で浄土真宗の教えに出遇《であ》うと、世間的なものさしにしばられることはなくなっていきます。

大平 そうです。いかに自分の立ち位置を変えられるかという柔軟性だと思うのです。仏教は柔軟性を教えるというのが根幹にあると思います。こだわりが強ければ強いほど自分を苦しめてしまうことになりますから、固執《こしつ》しない、こだわらない。私自身にしても「仕事がしたいんだ」「仕事しかないんだ」と、強くこだわっていれば、いまの私はなかったと思います。

ですから置かれた環境、自分の与えられた環境でいかに苦しい中でも自分自身がどう生きていくか。与えられた環境の中で、できることを模索するということが大事だと思います。どうかそういうことを、やはりわかりやすい言葉で、これからの若い人たちに教えとして広めていっていただけたらと思います。

「生まれてきてよかった」と思えるような生き方を示したい

大谷　いま、社会がかかえる問題にはさまざまなものがあります。私たちの教団の場合は、過去に戦争に対して協力したり、部落差別やハンセン病差別というものにも深くかかわってきました。その場合、いまはとにかく我慢をして、理不尽な状況を受け容れましょう、というかたちで教えが使われてきたという面は否めません。
ですから、やはりその反省を踏まえたうえで、いま生きている人に対して、どうやって生きていくのか、ただ漠然と生きていくのではなく、いつかはわかりませんが、死を迎えるときに「生まれてきてよかったな」「いい人生だったな」と思えるような生き方を少しでも示していきたいですね。

大平 「生きていてよかった」と自分が思えるその関係性は、実際の人と人との関係性の中にあると思うんです。ＳＮＳという空間だけのことじゃないんだよ、その先には必ず人がいるんだよ、と若い人たちに伝えて、人とのつながりの場を提供して、画面だけでなく実際のふれあいにつなげていけたらなと思います。

大谷 そうですね。楽しいことだけではなく、つらいこと、悲しいことこともひっくるめて、生きていてよかった、生きていること、生かされていることとって素晴らしいな、と日々に感じられるような生き方をしていきたいですね。

そして、それは人と人とのかかわりの中でこそ、あるいは人との出会いの中にこそあるのでしょう。お寺が、そんなつながりの中心、また素晴らしい出会いの場になればよいと強く思います。

本日は貴重なお時間をありがとうございました。

大平　ありがとうございました。

あとがき

浄土真宗《じょうどしんしゅう》の宗祖《しゅうそ》である親鸞聖人《しんらんしょうにん》より受け継がれてきた法統《ほうとう》を、私は平成二十六年六月に継承し、第二十五代の浄土真宗本願寺派門主・本願寺住職に就任いたしました。このことを阿弥陀如来《あみだにょらい》と親鸞聖人の前に奉告する伝灯奉告法要《でんとうほうこくほうよう》をおつとめするにあたり、本書を出版することになりました。

仏教は、いまから約二千五百年前にインドにおいてお釈迦《しゃか》さまによって説かれたことに始まりますが、そこでは、私たちのさまざまな悩みや苦しみが生じる原因が突き止められ、それらを断ち切る道が示されています。お釈迦さまは、悩みや苦しみの原因を私たち自身の内面に求められました。それは、ものごとをありのままに見ることができず、自分の都合に合わせて見ようとする自己中心的なあり方、煩悩《ぼんのう》を離れることのできない姿です。

親鸞聖人も悩みや苦しみを克服するために、比叡山《ひえいざん》で二十年にわたって修行に励まれましたが、どれほど修行しても煩悩を断ち切れないことに悩まれました。そして、ついに比叡山を下り、法然聖人《ほうねんしょうにん》の教えに導かれて、たとえ私がどんな人間であっても必ずおさめ取るという阿弥陀如来の救いのはたらきに出遇《であ》われました。

門弟の唯円《ゆいえん》が記したとされる『歎異抄《たんにしょう》』には、親鸞聖人が常におっしゃっていた言葉として、「阿弥陀如来のはたらきをよくよく考えてみると、この私、親鸞一人《いちにん》のためであった」とあります。これは、阿弥陀如来が煩悩に苦しむ私たち一人ひとりを心配してくださっていて、私たちは、その救いのはたらきの中に生かされているという親鸞聖人の気づきを表しています。

仏教が説かれて約二千五百年、親鸞聖人によって浄土真宗の教えが説かれて約八百年になります。その間、世界中で多くの方々が、それらの教えを生きるよりどころにしてこられました。現代社会の状況を見ますと、やはり多くの方が人生のさまざまなことに悩み苦しまれ、生きるよりどころを求めて宗教や仏教に関心を持たれているようです。しかし、このような状況の中、私たち宗教者ははたして、お釈迦さまや親鸞聖人の教えを十分に伝えきれているかどうか、自戒を込めて疑問に思います。

親鸞聖人以来、浄土真宗の教えは世俗を離れた出家者の仏道としてではなく、世間の中で人々とともに生きていくという仏教者のあり方を示してきました。それは阿弥陀如来の救いのはたらきに出遇ったことを喜び、また感謝しつつ、自己中心性から離れることのできないわが身をどこまでも見つめていく生き方と言えるでしょう。

日常生活の中で、悩みや苦しみをかかえながら生きていかなければならない私たちにとって、時代は違っても親鸞聖人の生き方は、多くの人々を惹《ひ》きつける魅力あるものと思います。親鸞聖人の生き方の根本にある阿弥陀如来の救いのはたらきをより多くの人々にお伝えし、みなさまがそのはたらきに出遇うことで、生かされているいのちを尊び、喜びの中で生きていかれることを願っています。

本書は、浄土真宗の教えを聞く機会の少ない方々にも読んでいただきたいとの思いで、極力専門的な言葉はつかわずに、浄土真宗の教えをもとにした生き方、考え方を記しました。本書を手にしてくださった方々が、浄土真宗の生き方に興味を持っていただければたいへんうれしく思います。
最後になりますが、対談のご縁をいただきましたガンバ大阪の遠藤保仁さんと弁護士の大平光代さんをはじめ、編集の労をおとりいただいたみなさまに深く感謝申しあげます。

平成二十八年九月一日

浄土真宗本願寺派
第二十五代門主　大谷光淳

龍谷山《りゅうこくざん》　本願寺《ほんがんじ》（西本願寺）について

浄土真宗《じょうどしんしゅう》本願寺派の本山で、「西本願寺」の通称で親しまれています。浄土真宗は、鎌倉時代の中頃に親鸞聖人《しんらんしょうにん》（一一七三〜一二六三）によって開かれました。本尊は阿弥陀如来《あみだにょらい》。中興の祖である第八代宗主蓮如上人《れんにょしょうにん》（一四一五〜一四九九）のときには教線が拡大され、第十一代宗主顕如上人《けんにょしょうにん》（一五四三〜一五九二）のときに、本願寺の寺基《じき》が現在の京都堀川《ほりかわ》六条（京都市下京《しもぎょう》区堀川通花屋町《はなやちょう》下ル）に定められました。

境内《けいだい》には、阿弥陀堂《あみだどう》、御影堂《ごえいどう》の両堂をはじめ、唐門《からもん》、書院《しょいん》、飛雲閣《ひうんかく》などの国宝や、経蔵《きょうぞう》、手水舎《ちょうずや》などの重要文化財があり、一九九四（平成六）年十二月に「古都京都の文化財」として世界遺産に登録されています。

◉ 本願寺の歴代宗主 ◉

宗　祖	**親鸞聖人**	（しんらんしょうにん / 1173 ～ 1263）
第 2 代	**如信上人**	（にょしんしょうにん / 1235 ～ 1300）
第 3 代	**覚如上人**	（かくにょしょうにん / 1270 ～ 1351）
第 4 代	**善如上人**	（ぜんにょしょうにん / 1333 ～ 1389）
第 5 代	**綽如上人**	（しゃくにょしょうにん / 1350 ～ 1393）
第 6 代	**巧如上人**	（ぎょうにょしょうにん / 1376 ～ 1440）
第 7 代	**存如上人**	（ぞんにょしょうにん / 1396 ～ 1457）
第 8 代	**蓮如上人**	（れんにょしょうにん / 1415 ～ 1499）
第 9 代	**実如上人**	（じつにょしょうにん / 1458 ～ 1525）
第 10 代	**証如上人**	（しょうにょしょうにん / 1516 ～ 1554）
第 11 代	**顕如上人**	（けんにょしょうにん / 1543 ～ 1592）
第 12 代	**准如上人**	（じゅんにょしょうにん / 1577 ～ 1630）
第 13 代	**良如上人**	（りょうにょしょうにん / 1612 ～ 1662）
第 14 代	**寂如上人**	（じゃくにょしょうにん / 1651 ～ 1725）
第 15 代	**住如上人**	（じゅうにょしょうにん / 1673 ～ 1739）
第 16 代	**湛如上人**	（たんにょしょうにん / 1716 ～ 1741）
第 17 代	**法如上人**	（ほうにょしょうにん / 1707 ～ 1789）
第 18 代	**文如上人**	（もんにょしょうにん / 1744 ～ 1799）
第 19 代	**本如上人**	（ほんにょしょうにん / 1778 ～ 1826）
第 20 代	**広如上人**	（こうにょしょうにん / 1798 ～ 1871）
第 21 代	**明如上人**	（みょうにょしょうにん / 1850 ～ 1903）
第 22 代	**鏡如上人**	（きょうにょしょうにん / 1876 ～ 1948）
第 23 代	**勝如上人**	（しょうにょしょうにん / 1911 ～ 2002）
第 24 代	**即如上人**	（そくにょしょうにん / 1945 ～）
第 25 代	**専如上人**	（せんにょしょうにん / 1977 ～）

〈著者略歴〉
大谷光淳（おおたに・こうじゅん）
1977年、京都市生まれ。浄土真宗本願寺派（本山・本願寺）第25代門主、本願寺住職。法名は釋専如（しゃく・せんにょ）。第24代門主大谷光真（釋即如）の長男として生まれ、2000年、法政大学法学部卒業。2005年、龍谷大学大学院文学研究科博士課程単位取得。龍谷大学文学部非常勤講師、中央仏教学院講師を経て、2008年、本願寺築地別院副住職。2014年6月、法統を継承し門主となる。門主就任を阿弥陀如来と宗祖親鸞聖人に告げる伝灯奉告法要を、2016年10月1日から2017年5月31日まで本山で10期80日にわたって80座営む。

編集協力　河部光男
本文イラスト　茨木祥之
本文写真　髙橋章夫
（P.125の写真は『本願寺新報』より提供）

ありのままに、ひたむきに
不安な今を生きる

2016年9月21日　第1版第1刷発行

著者　大谷光淳
発行者　安藤　卓
発行所　株式会社PHP研究所
京都本部　〒601-8411　京都市南区西九条北ノ内町11
マネジメント出版部　☎075-681-4437（編集）
東京本部　〒135-8137　江東区豊洲5-6-52
普及一部　☎03-3520-9630（販売）
PHP INTERFACE　http://www.php.co.jp/

組版　株式会社ワード
印刷所
製本所　図書印刷株式会社

 ISBN978-4-569-83410-8